KB075930

단단한 사회 공부

一次看懂社會科學

© 劉炯朗(Liu Chung-Laung)

Originally published in Taiwan © 2010 by China Times Publishing Co.,
Korean translation copyright © 2015 UU press
under license granted by China Times Publishing Co.,
Arranged through Pelican Media Agency Ltd. & Imprima Korea Agency.
All rights reserved.

Study *is*
HARD
WORK

SOCIAL
SCIENCE

단단한 사회공부

내 삶의 기초를 다지는
사회과학 교양

류중랑

문현선 옮김

추천사

사회를 공부하는 즐거움

홍란洪蘭(중앙中央대학교 인지신경과학연구소 소장)

지금 세계에서 가장 주목하는 화제는 과학기술과 인문학의 대화이다. 이 두 영역은 상호대립적인 것 같아 보이지만 반드시 소통과 대화를 통해 조화를 이뤄야 한다.

사실 과학기술과 인문학은 철학이라는 큰 나무에서 뻗어 나온 두 갈래 줄기로서 서로 무관한 독립체가 아니라 '네 속에 내가, 내 속에 네가 있는' 융합체이다. 예를 들어 훌륭한 과학 자는 반드시 훌륭한 문학적 소양이 있어서 사람들이 이해하기 쉬운 글을 쓴다. 노벨 물리학상 수상자 리처드 파인만이 좋은 사례다. 그의 책은 수십 년간 초심자가 과학을 접하게 하는 입문서 역할을 톡톡히 해 왔다. 철저히 이해한 사람만이 심오한 학문을 일상생활의 사례를 통해 알기 쉽게 소개할 수 있다. 중국 문화에서 자랐으면서도 서양 문화에서 오래도록 공부한 류중랑 총장의 책에도 이런 미덕이 있다. 읽을 때는 술술 읽히지만 따져 보면 내용에 깊이가 있다.

류 총장의 박학다식은 알고 있었어도 이토록 넓고 깊은지는 이 책을 읽고서야 알았다. 다행히 그가 이미 퇴직을 했으니 망정이지 안 그랬으면 과학기술과 인문학에 두루 통달한 이 사람 때문에 여러 사람의 밥줄이 위태로웠을 것이다. 류 총장은 박학다식하기만 한 게 아니라 직업의식마저 투철하다. 그는 라디오 프로그램을 진행하는 날에는 모든 약속을 거절하고 녹음에만 집중한다. 때로는 자기가 만족할 때까지 온종일 녹음 작업을 하기도 한다. 그래서 류 총장의 지인들은 그와 밥을 먹으려면 녹음 날은 절대 피해야 한다는 사실을 알고 있다. 그날만큼은 어떤 맛있는 요리로도 그를 유혹할 수 없다. 이런 그의 직업의식은 존경받아 마땅하다.

예전부터 우리는 발음이 정확하고 목소리가 좋은 것이 라디오 프로그램 진행자의 필수 조건이라고 생각해 왔다. 그러나 류 총장의 프로그램은 우리의 그런 편견을 깨뜨리고 청취자가 가장 중요하게 생각하는 것은 내용임을 알게 해 주었다. 마카오에서 자란 류 총장은 광둥廣東 사투리를 쓰지만 강의 내용이 워낙 알차서 그 사투리가 오히려 특색이 되었다. 내가 아는 한 친구는 라디오를 틀고 차를 몰다가 광둥 사투리가 들리면 주파수도 확인할 필요 없이 류 총장이 나온 줄 알고 귀를 기울였다고 한다.

나는 류 총장의 과학과 기술 강의를 무척 좋아한다. 그의 해설을 통해 구글이 왜 그런 해괴한 이름을 갖게 되었는지도 알게 되었다. 류 총장은 1950년대에 미국 유학을 가서 매사추세츠공과대학교와 일리노이대학교에서 오랫동안 교수로 재직하다가 돌아와서 칭화대학교 총장이 되었다. 그가 미국에 머물던 시기가 마침 컴퓨터의 발전기였기 때문에 그는 컴퓨터가 집채만큼이나 크던 때부터 요즘의 조그만 노트북이 되기까지 전 과정을 지켜보았으며 그 과정 중 일부를 직접 겪기도 했다. 그래서 꺼내는 이야기 대부분이 자신의 체험이며 관찰자가 아닌 당사자의 입장에서 말하기 때문에 독자를 쉽게 매료시킨다. 과학기술 분야의 핵심적 실험을 현장에서 직접 수행해 본 경험 덕인지 확실히 강의가 생생하다. 류 총장의 강의가 타의 추종을 불허했던 이유다.

이 책에서 내가 가장 추천하고 싶은 부분은 사고의 방법을 알려 주는 논리적 추리다. 현재 동아시아의 교육에서 가장 부족한 부분이기 때문이다. 이 책을 읽는 초심자는 교양을 쌓을 수 있을 뿐 아니라 혼자 생각하면서 학문하는 즐거움도 맛볼 수 있을 것이다.

즐거운 사회 교양

나는 2005년 10월부터 나는 한 라디오 방송국에서 강의 프로그램을 진행했다. 지금 이 프로그램은 타이완의 전국라디오방송국에서 함께 방송된다.

매주 나는 프로그램에서의 22분짜리 강의를 위해 긴 분량의 원고를 작성했고, 이 원고들을 묶어서 책을 출간하게 되었다.

이 책은 라디오 프로그램의 강의를 정리한 것이다. 목소리로 청취자에게 내 독서 경험과 행복을 나누어 주었듯이, 이제 글을 통해서도 독자가 내 독서의 경험과 행복을 나눠 갖기를 바란다. 내가 전달하려는 것은 간단한 정보와 유쾌한 경험이다. 읽기에 부족하지 않을 것이다. 과학과 문학을 접목한 이 글들을 통해 독자들이 흥미를 느끼고, 더 깊고 넓은 관련 내용을 발굴해 한층 풍부한 독서의 기쁨을 얻기를 바란다.

목차

과거를 비추다

오늘을 밝히다

미래를 보다

과거를 비추다

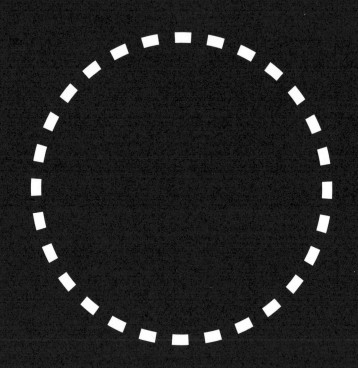

북국의 칼새

2008년 8월 3일, 문학가 솔제니친이 모스크바에서 병으로 죽었다. 그 인생 역정과 작품 그리고 그와 비슷한 처지였던 러시아의 문학가, 음악가, 과학자에 대해 이야기하고자 한다.

::

먼저 러시아의 역사를 간단히 살펴보자. 오늘날 러시아는 지구상에서 가장 영토가 넓은 국가로 전 세계 면적의 8분의 1을 차지하지만, 인구는 1.4억에 불과해 전 세계 9위에 해당한다. 중국이나 인도, 미국, 브라질과 비교해도 적고 일본과 비교해 조금 많을 뿐이다. 러시아는 풍부한 천연 자원을 보유하고 있어, 석유와 천연가스의 생산량이 전 지구의 20퍼센트에 달한다. 시베리아 삼림의 목재는 세계 전체 생산량의 5분의 1에 해당하며, 석탄 및 각종 금속 광물의 보유량 또한 상당하다.

러시아의 차르 시대는 16세기 중반에 시작되었다. 이반 4세는 정식으로 황제의 자리에 오른 차르이다. 차르Tsar라는 명칭은 원래 황제라는 뜻이며, 그 기원은 라틴어의 '카이사르'Caesar까지 거슬러 올라가는데, 즉 로마 제국의 첫 번째 황제인 율리우스 카이사르 옥타비아누스의 이름에서 온 것이다. 이반 4세는 종종 '뇌제'雷帝라 불린다. '이반 그로즈니'Ивáн Грóзный라는 러시아어 이름은 '성미가 사나워 사람들을 두려움에 떨게 만든다'라는 뜻이지만, 그가 공포 정치를 행한 폭군이었음을 암시하는 것은 절대 아니다.

공업 발달의 시대

차르 시대는 100여 년간 유지되었다. 17세기 말, 왕조가 바뀐 뒤 표트르 1세(표트르 대제)가 정식으로 러시아 제국을 세웠다. 차르라는 칭호도 대제로 바뀌었다. 표트르 대제는 서구의 경험을 끌어들여 공업을 비약적으로 성장시켰을 뿐 아니라 정치, 경제, 문화 등 각 분야에서 러시아의 신속한 발전을 이끌었다. 이로써 러시아도 국제 무대에서 당당한 제국으로 군림하게 되었다.

러시아 제국의 역사에서 중요한 또 한 사람은 예카테리나 대제(예카테리나 2세)다. 그녀는 표트르 3세의 황후로 표트르 3세가 서거한 뒤 제위를 계승했다. 예카테리나 대제는 18세기 중반에서 말기까지 34년간 재위하면서 러시아 제국의 영토를 계속 확장해 놀라울 정도로 국력을 키웠다. 1812년, 나폴레옹은 러시아를 함락시키지 못하고 퇴각하면서 순식간에 정치 기반을 잃었다. 톨스토이의 명작 『전쟁과 평화』는 이처럼 프랑스가 러시아 침공에 실패하고 퇴각한 사건을 소설의 배경으로 삼는다. 1884년, 차이코프스키는 러시아가 프랑스의 침공에 저항해 승리를 거둔 이 사건의 70주년을 기념하기 위해

「1812년 서곡」을 작곡했다. 19세기 후반에 이르자, 러시아 사회는 농민에 대한 귀족의 오랜 억압과 농민의 사회 개혁 요구로 격심한 갈등을 일으키며 크게 동요되었다.

1904년, 러일 전쟁이 발발했다. 러시아와 일본이 중국 북동부와 조선 일대에서 군사 패권을 다툰 것이 주요한 원인이었다. 배후의 또 다른 원인은 러시아 사회가 내부적으로 크게 동요해 불안했기 때문이다. 당시 니콜라스 대제(니콜라스 2세)는 대외 전쟁으로 국내의 단결을 호소해 민중의 주의력을 분산시키고자 했다. 사실 이 전쟁에 간접적으로 영향을 준 원인은 두 가지 더 있다. 1894년, 중국은 청일 전쟁의 패배를 인정하는 시모노세키 조약을 받아들였고 일본의 공세는 한층 더 맹렬해졌다. 이어서 1900년에 러시아는 8개국 연합군의 중국 침략 기회를 틈타 중국의 동북 3성 일대에 군대를 파견하고 국경을 넘었다. 이는 모두 러시아와 일본 사이의 대립과 긴장을 격화하는 요인이었다. 러일 전쟁에서 러시아 해군이 대패한 것은 아시아 국가가 유럽 강국을 패배시킨 첫 번째 사례로 일본의 야심을 더더욱 부추겼다. 러시아의 입장에서 이는 국내 경제와 사회의 여러 문제를 폭발시키는 계기로 작용했다. 러일 전쟁의 패배가 결국 1905년 혁명의 도화선이 된 셈이다.

비록 이 혁명은 진압되어 평정을 되찾았지만 니콜라스 대제의 개혁은 민심을 안정시키는 데 성공하지 못했다. 제1차 세계 대전이 발발하면서 전쟁 비용 및 손실, 부패로 인한 문제들은 정부에 대한 민중의 불만을 더욱 부채질했으며, 결국 1917년 2월과 10월에 일어난 두 차례 혁명으로 니콜라스 대제는 폐위되었다. 이후 니콜라스 대제와 가족은 모두 살해당했고 러시아 제국의 역사는 종지부를 찍었다.

이어서 1922년에 등장한 것이 소비에트 사회주의 공화국 연맹(약칭 소련)이다. 소련은 세계 제일의 공산주의 국가로 이 연맹은 거의 70년간 지속되다가 1991년에 해체되었다. 소련이 해체된 뒤, 연맹 내에 속해 있던 러시아, 우크라이나, 에스토니아, 라트비아, 리투아니아, 그루지야는 각각 독립했고, 러시아는 러시아 연방을 수립했다. 국제 사회에서 러시아 연방은 과거 소련이 누렸던 지위와 책임을 대부분 계승했다. 예를 들어, 원래 국제 연합 안전 보장 이사회의 상임 위원회 5개국 가운데 하나였던 소련의 지위는 순조롭게 러시아 연방에 이양되었다.

여기서 잠깐 딴소리. 타이완 사람 대부분이 잘 아는 생약 성분의 위장약 '정로환'征露丸은 원래 러일 전쟁 당시 일본군 부대가 사병들에게 지급했던 약품이다. '러시아'라는 이름은 일본어에서 '로시아'로 읽히고 '露西亞'로 표기되므로, '정로'征露

라는 이름은 러시아를 정벌한다는 의미가 된다. 정로환의 상표 또한 군대의 호각에서 따온 것이다. 노파심에서 한마디 덧붙이자면, 정로환의 생약 성분 함유율은 확실하지 않으니 함부로 쓰지 않는 편이 좋다.

1922년에서 1991년까지의 소련 역사로 돌아가 보자. 레닌은 소련 개국의 아버지이며 마르크스의 계급 투쟁 이론을 계승한 정치 경제 사상가이기도 하다. 마르크스는 인류의 발전 과정에서 자산 계급의 억압과 무산 계급의 저항이 필연적이라고 보았다. 유물론적 역사관을 기반으로 한 걸음 더 나아가, 마르크스는 대담하게도 자본주의가 결국 공산주의로 대체될 것이라 주장했다. 이는 아마도 틀린 가설일 것이다. 마르크스주의는 아주 복잡하고 심오한 철학, 정치, 경제, 사회 이념을 포함하며, 레닌주의, 트로츠키주의, 마오쩌둥주의 등 다양한 해석과 분파로 변이를 일으켰다. 21세기에 들어선 오늘날 마르크스주의의 영향력은 20세기처럼 크지 않고 적지 않은 부분에서 수정되었지만, 마르크스는 의심할 나위 없이 매우 중요한 사상가다. 우리는 철학, 역사, 문학 비평 등을 포함하는 수많은 학술 연구 영역 어디서나 마르크스주의의 영향을 발견할 수 있다. '용공'容共이라는 두 글자로 마르크스사상을 일축하는 것은 단순화의 오류를 피할 수 없는 어리석은 행동이다.

레닌은 정치 지도자의 지위에 얼마 머물지 못하고 세상을 떠났다. 이후 대대적인 권력 투쟁을 거쳐 정권을 획득한 스탈린은 주요한 정적인 트로츠키를 당에서 축출하고 국외로 추방한 뒤 지배권을 확립해 전후로 거의 30년 동안 장기 집권했다.

정치적 폭압을 증명하다

제2차 세계 대전 이후, 소련은 전 세계에서 다섯 손가락 안에 꼽히는 강대국이 되었다. 그 후 냉전 시기에는 미국에 맞서며 미국과 함께 세계의 2대 군사 대국이 되었다. 스탈린은 권력을 공고하게 다지고자 자신과 다른 정치 견해를 가진 이들을 대대적으로 숙청했고, 공업화와 집단 농장 정책을 추진해 농민들의 반발을 불러일으켰으며, 다른 민족 간의 갈등을 고조시켰다. 스탈린이 통치하는 소련에서 살해당하거나 강제 노동에 처해지거나 살던 곳에서 쫓겨나 방랑하게 된 인구는 수백만 명에 이르며, 정치범뿐 아니라 수많은 공장 노동자, 농민 그리고 과학자와 문학가, 음악가가 그 가운데 포함되었다.

사실 짤막한 한두 마디 말로, 아니, 아주 길고 구구절절한 말과 글을 통하더라도 그 긴 시간과 복잡한 시대 환경을 전부 설명하는 것은 불가능하다. 이제 나는 몇몇 인물이 겪은 일을 통해 여러분에게 독재 정부 치하에서 지식인이 맞부딪히는 어려움을 알리고자 한다. 그들이 겪은 사건은 비참한 경험이지만, 그들의 재능과 성취는 우리에게 정치적 폭압에 대해 더 많은 것을 알려준다.

첫 번째 인물은 소련의 유명한 이론물리학자 레프 란다우다. 그는 1962년 플라즈마 물리에 대한 공헌으로 노벨 물리학상을 수상했다. 란다우는 젊었을 때부터 재능을 아낌없이 펼치며 물리학에서 수많은 공헌을 한 인물이다. 50세 생일에 그의 친구들은 그가 물리학에 남긴 열 가지 뛰어난 성과를 짚으며 그것이 란다우의 '십계'라는 유머를 남기기도 했다. 물리학을 공부한 독자라면 틀림없이 란다우와 그의 제자가 쓴 10권짜리 물리학 교과서를 읽어 보았을 것이다. 란다우는 무척이나 똑똑한 사람이었고 학문 연구 분야에서 그 자신과 제자들에게 언제나 엄격한 태도로 임했다. 노벨상을 탄 것 외에도 란다우는 숱하게 많은 학술적 영예를 안았으며, 스스로 자신이 최후의 만능 물리학자라고 자랑스럽게 부르기도 했다.

란다우는 일찍이 유명한 물리학자들의 등급을 나누기도 했다. 0이 가장 높고 5가 가장 낮았는데, 말할 나위도 없이 대부분의 물리학자는 아예 이 등급 밖에 있었으며, 평가 대상에 들지도 못했다. 뉴턴의 등급은 0이었고, 아인슈타인은 0.5였다. 보어와 하이젠베르크는 1등급, 란다우 자신은 2.5등급에 속했다. 이 등급은 뉴턴을 기준으로 삼아 어떤 물리학자의 성과가 뉴턴의 10분의 1이라면 등급을 1로 산정하고, 뉴턴의 100분의 1이라면 2등급으로 산정하며, 뉴턴의 10만 분의 1이라면 5등급으로 산정한 것이다. 이런 계산법에 따르면 아인슈타인의 성과는 뉴턴의 3분의 1이고 란다우 자신은 뉴턴의 300분의 1이 된다. 나중에 란다우는 자신의 등급을 2.5에서 2.0으로 올렸다(등급이 n이면 성과는 10^{-n}이다). 책상물림들은 이처럼 등급을 따지고 서열 매기는 놀이를 즐기는 경향이 있다.

비범한 학술 성과에도 불구하고, 란다우는 1938년 스탈린의 대숙청 과정에서 독일 스파이라는 누명을 쓰고 13년 감금형을 받았다. 아마 저도 모르는 사이에 어떤 권력자에게 밉보였기 때문일 것이다. 다행히 학계의 친구가 나서서 스탈린 앞으로 직접 호소하는 편지를 보낸 덕분에 감금된 지 1년 만에 석방되었다. 그러나 1962년에 란다우는 불행히도 교통사고로 중상을 입었으며, 회복 후에도 노벨상 수상을 위해 직접 스웨덴으로 갈 수 없었다.

두 번째로 언급할 인물은 시인이자 소설가인 보리스 파스테르나크다. 그의 시집은 20세기에 가장 영향력 있는 러시아 문학 작품으로 인정받는다. 다음의 시 「칼새」는 단순하고 소박한 필치로 하늘로 날아오르는 흰 칼새 떼를 묘사한 작품이다.

어스름 속의 힘없는 칼새,
희푸른 한기寒氣 속을 머뭇거리네.
몸 안 깊숙이 피를 토하듯 터지는 노래…….

솟구쳐 나는 칼새, 드높이
어떤 속박에도 매이지 않고, 맑은 소리로 우짖어라.
보라, 날개 아래 대지는
아스라이 멀어져 돌아오지 않으리.

몸을 뒤채는 구름과 안개,
사모바르에서 끓는 수증기여라…….
보라, 좁은 골짜기에서 하늘 끝까지,
다시는 내려앉지 못할 대지.

파스테르나크가 쓴 또 다른 유명 작품 『닥터 지바고』는 1917년 러시아 혁명을 시대 배경으로 한 편의 사랑 이야기를 통해 당시 사회와 정치 환경을 반영하여 20세기의 가장 중요한 정치 소설 가운데 하나로 손꼽힌다. 소련 당국의 정치 관점에 부합하지 않았기 때문에, 파스테르나크의 이 소설 원고는 발표 당시 반려된 바 있다. 당국은 소설의 주인공이 이기주의자로서 자신만을 생각해 국가와 사회를 잊었으며, 정부가 군대 중심으로 운영되는 점을 작가가 소설에서 암암리에 풍자했다고 여겼다. 이 책은 비밀스럽게 이탈리아로 전해져 이탈리아어로 출판되었고, 이어 18개 언어로 번역되었으며 영화와 텔레비전 드라마로도 각색되었다. 안타깝게도 이 책의 러시아어 판본은 파스테르나크가 운명한 지 30년이 지난 후에야 비로소 소련에서 출간되었다.

파스테르나크는 1958년에 노벨 문학상을 받았다. 그는 수상 소식을 접한 뒤 곧 스웨덴 왕립 아카데미에 전보를 쳐서 이렇게 말했다. "무척 감격스럽고 감동적일 뿐 아니라 자랑스럽고 놀라우며 또 비할 바 없이 부끄럽습니다." 나흘 뒤, 그는 또 스웨덴 왕립 아카데미로 전보를 쳤다. "이 상이 제가 속한 사회에서 어떤 파장을 일으킬지 생각해 봤을 때, 저는 이 상을 거절해야만 한다는 결론에 도달했습니다. 그래서 스스로 포기하는 것이니 다르게 생각지 말아 주십시오." 파스테르나크는 스웨덴에 가서 상을 받으면 소련의 시민권을 잃고 국외로 추방될까 두려워했다. 그는 소련을 떠날 수 없었다. 파스테르나크가 세상을 떠난 지 30년이 지나서야 그의 아들이 스웨덴에서 대신 노벨상을 수상했다. 수상식장에서는 유명한 첼리스트 로스트로포비치가 파스테르나크를 기념해 특별히 바흐의 세레나데를 연주했다.

이제 로스트로포비치에 대해 이야기하겠다. 그는 '20세기, 심지어 유사 이래 가장 위대한 첼리스트 가운데 하나'로 꼽히며, 아주 젊었을 때부터 음악계에서 뚜렷하게 두각을 나타낸 인물이다. 20세에 데뷔해 몇 차례나 국제 대회 대상을 수상했고 23세 때는 소련 최고의 상인 스탈린상을 수상했다. 그는 예술에는 국경이 없다는 사실, 언론의 자유와 민주의 가치라는 이념을 위해 앞장섰기에 끊임없이 소련 당국의 간섭을 받았다. 솔제니친이 박해를 받았을 때, 그는 솔제니친을 공개적으로 지지하다가 결국 국외로 추방되었으며 소련 국적을 잃고 말았다. 미국에 정착한 뒤 그는 미국 워싱턴 내셔널 심포니의 음악 총감독 및 지휘를 맡았고 2007년에 세상을 떠났다. 2007년 로스트로포비치 부부가 소장했던 예술품들이 공개 경매되자, 러시아의 어떤 대부호는 러시아에서 그를 기념할 수 있도록 몇천만 달러나 되는 값을 치르고 이를 전부 사들였다.

솔제니친의 선택

집단 수용소의 죄수에서 조국이 자랑스럽게 내세우는 대문호가 되기까지, 솔제니친의 일생은 정치 환경의 비정과 무도, 갈등과 모순을 있는 그대로 보여 준다.

과거를 비추다

러시아의 문학가이자 역사가인 솔제니친의 생애는 소련의 70년 역사와 궤를 같이한다. 소비에트 연방은 1922년에 수립되었고 1991년에 해체되었다. 솔제니친이 겪은 수난은 독재 정권 아래에서 지식인이 받게 되는 제약과 억압을 반영한다.

그럼에도 솔제니친은 끝끝내 자신의 이념과 견해를 유지했다. 그는 대학에서 수학을 전공하면서 문학 및 역사 전문학교의 통신 수업 과정을 이수했다. 대학을 졸업하고 나서는 중등학교에서 강의를 맡았는데, 몇 달 되지 않아 바로 제2차 세계대전이 일어나 징병을 당했다. 솔제니친은 군대에서도 상당히 뛰어난 활약상을 보였다. 그러나 친구에게 쓴 편지에서 스탈린을 비판했다가 변명조차 못하고 군사 재판에 회부되었으며, 마찬가지로 변명의 기회도 얻지 못한 채 8년간의 강제 노동 집단 수용소 감금 및 무기한 추방을 판결받았다. 다행히 3년 후에 석방되어 고향으로 돌아간 솔제니친은 낮에는 중등학교에서 학생들을 가르치고 밤에는 몰래 글을 썼다. 노벨상 수상 연설에서 그는 이렇게 말했다. "지금까지 나는 살아 있는 동안 이 책이 출간되는 것을 볼 수 없을 거라 믿었습니다.

심지어 친구들에게 작품을 보여 줄 엄두조차 내지 못했지요."

집단 수용소에서 석방된 지 7~8년이 지난 뒤에, 그는 중편 소설 「이반 데니소비치의 하루」를 문학잡지에 발표했다. 이 소설은 이반 데니소비치라는 사람이 강제 노동 집단 수용소에서 보내는 하루에 대해 쓴 글이다. 솔제니친은 그 자신 및 그와 비슷한 운명에 처했던 많은 사람이 오랫동안 감금된 채 강제로 노동했던 경험을 이 작품에 반영했다. 소설은 공산당 중앙위원회의의 심사를 받았는데, 옹호하거나 반대하는 의견의 대치가 계속되다가, 흐루쇼프가 직접 비준하고 나서야 비로소 출간될 수 있었다.

이 책은 소련과 서구에서 매우 큰 반향을 불러일으켰다. 이 소설은 강제 노동 집단 수용소의 실상을 폭로함으로써 소련의 독재 정치를 엄밀히 비판했을 뿐 아니라, 서구의 지식인에게 소련 정부의 인권 침해를 오랫동안 모른 척해 왔다는 죄의식과 부끄러움을 안겨 주었다. 왜 흐루쇼프는 이 소설의 출간을 비준했을까? 그에게는 물론 정치적인 계산이 있었다. 스탈린이 세상을 떠난 뒤 정치 투쟁으로 권력을 획득한 흐루쇼프는 수순에 따라 스탈린 개인에 대한 맹목적인 숭배를 약화시키고 독재 체제를 해체하며 개방적인 개혁 정책을 추진했다. 따라서 솔제니친의 소설 출간은 흐루쇼프 당시의 정치 흐름과 맞물렸다.

강자들의 힘겨루기

흐루쇼프는 11년의 집권 기간 동안 적극적으로 농업 개혁과 과학기술의 발전을 추진했다. 성과도 나쁘지 않아서 소련 경제는 전반적으로 빠르게 발전했다. 로켓 기술도 세계 최고의 지위를 차지해 1957년에는 최초로 인공위성을 발사하고, 이어서 첫 번째 우주인도 우주로 날려 보냈다. 국제 관계에서 소련은 미국, 영국, 프랑스 등 국가와 베를린의 군대 주둔 문제를 논의한 끝에 1961년 베를린을 동서로 나누는 장벽을 세웠다. 이로써 동독과 서독은 분리되었으며 이념적으로 대립하고 있음이 형식적으로 확립되었다. 28년 뒤, 베를린 장벽이 무너지고 나서야 서독과 동독은 통일 국가의 면모를 회복하기 시작했다.

또 다른 대사건은 미국과 소련이 쿠바에서 대립했던 1963년의 미사일 위기다. 당시 미국은 소련이 쿠바에 미사일 기지를 건설했다는 사실을 알았다. 쿠바는 미국에서 145킬로미터

정도밖에 떨어지지 않은 곳이었기에 미국이 안전을 크게 위협받는 상황이었다. 당시 미국 대통령이었던 케네디는 '쿠바로 진격해 미사일 기지를 파괴하고 소련과 전쟁을 일으킬 수도 있다'라고 결정했다. 이때 미국과 소련이 혈기왕성한 소년처럼 전쟁을 일으켰다면 그 피해는 이루 헤아릴 수 없었을 것이다. 결국 흐루쇼프는 교환 조건을 내걸었다. 미국이 터키 변경의 미사일을 철거하고 더 이상 쿠바를 침공하지 않겠다고 다짐하면 미사일 기지를 철거한다는 내용이었다. 이 사건으로 쿠바의 카스트로 정권은 확고한 지위를 보장받게 되었다. 물론 이 위기를 해결하기 위한 협상 과정은 어렵고 복잡했다. 표면적으로는 케네디가 강경한 입장을 고수한 승리자였고 흐루쇼프는 백 번 양보한 패배자였다. 또 다른 사건은 중국과 소련의 관계 악화다. 이 사건은 실질적으로 양국 이익의 충돌이었고 이데올로기의 차이에서 빚어진 갈등이기도 했다.

제2차 세계 대전 후, 스탈린은 마오쩌둥이 국민당과 공산당의 내전에서 승리해 정권을 잡고 '중화인민공화국'을 수립할 수 있도록 지원했다. 1950년대 초반에는 소련이 중국의 정국 전반을 주도했다고 해도 과언이 아니다. 많은 러시아 고문이 중국으로 건너왔고 소련식 경제 개발 모델을 중국에 도입했다. 그들은 중공업 발전을 강조했고 농업과 대중의 생활 수준

개선을 무시했다. 이후 정책과 의견이 대립하면서 흐루쇼프와 마오쩌둥은 공개적으로 결별을 선언했다. 중국에서 추진한 '대약진'의 경제적 대실패 또한 소련과의 갈등을 악화시킨 원인이었다. 마오쩌둥은 쿠바 미사일 위기 때 흐루쇼프의 양보 결정을 통렬히 비판했다. 반면에 흐루쇼프는 마오쩌둥의 입장이 핵전쟁을 일으킬 수도 있다고 반박했다.

두 사람에 관한 재미난 일화가 하나 있다. 대약진 과정에서 중국 민중이 너무 빈곤해 생활이 어려워지자, 마오쩌둥은 흐루쇼프에게 전보를 한 통 띄웠다. "중국 인민이 굶어서 뱃가죽이 등짝에 붙을 지경이니 어서 식량을 좀 보내 주시오." 흐루쇼프는 이렇게 전보로 답했다. "보내 줄 식량이 없으니 인민에게 허리띠를 더 단단히 매라고 하시오." 마오쩌둥이 곧바로 회신했다. "그럼 졸라맬 허리띠라도 보내 주시오."

흐루쇼프라는 정치인은 국제 사회에 교양이 부족한 건달 같은 느낌을 강하게 남겼다. 언젠가 국제 연합 회의에서 그는 필리핀 대표의 발언을 불만스럽게 여기다가 갑자기 신발을 벗어 탁자를 두들기기도 했다. 이런 일은 분명 외교 석상에서 보기 드문 괴이한 사건이다.

쿠바 위기에 대해 말하다 보니, 케네디와 흐루쇼프의 힘겨루기에 대한 또 다른 재미난 일화가 떠오른다. 케네디의 부인인 재클린은 젊고 아름다웠으며, 우아하고 지적인 매력으로 한 시대를 풍미했다. 반면 흐루쇼프의 부인인 레나는 전형적인 러시아 아줌마였다. 1963년에 케네디가 불행히 암살을 당한 몇 년 뒤 재클린은 세계 제일의 갑부인 그리스 선박 왕 오나시스와 재혼했다. 풍자적인 유머로 유명한 미국 전 국무장관 키신저는 냉전 기간 미국과 소련의 대치 상황에 대한 회견 중에 만약 암살을 당한 것이 케네디가 아니라 흐루쇼프였다면 세계에 어떤 변화가 일어났을지 묻는 어떤 기자에게 이렇게 대답했다. "내가 확신할 수 있는 것은 흐루쇼프 부인은 절대 그리스의 선박 왕과 재혼하지 못했으리라는 사실입니다."

영원히 마음에 조국을 담다

다시 솔제니친의 이야기로 돌아가 보자. 중편소설 「이반 데니소비치의 하루」가 흐루쇼프의 비준을 얻어 1962년 출간되고 나서, 솔제니친은 국제적으로 큰 명성을 얻고 몇 편의 소설을 잇달아 발표했다. 안타깝게도 머지않아 흐루쇼프는 권력 투쟁에서 패배해 실각했으며 소련 당국은 다시 엄격한 심사

제도를 도입했다. 이는 솔제니친의 창작 활동에 심각한 타격을 입혔고 그의 자유를 제한했다. 책은 출간 금지되었으며 원고도 비밀경찰에 몰수당했다. 이 기간 동안 로스트로포비치는 솔제니친이 몇 년 동안이나 자신의 집에서 생활할 수 있도록 배려했다.

1970년에 솔제니친은 노벨 문학상을 탔지만 스웨덴으로 가서 상을 받도록 허가받지 못했으며, 그 자신 또한 금지령을 어기고 멋대로 국경을 넘을 만큼 무모하지 않았다. 그는 일단 소련을 떠나면 다시 돌아오지 못할지도 모른다고 생각했다. 기관지에서는 인정사정없이 그를 공격하고 비판했다. 이때 로스트로포비치가 용감하게 나서 솔제니친을 보호하며 언론의 자유를 위해 싸웠다. 로스트로포비치의 연주 활동은 이로 인해 당국의 간섭을 받게 됐고, 그는 1974년 소련을 떠난 뒤 시민권을 박탈당했다.

1973년, 솔제니친은 『수용소 군도』라는 연작을 서구에서 출판했다. 이 책은 모두 1,800쪽에 이르는 3권의 장편으로 솔제니친의 대표작이다. 이 책은 솔제니친과 200여 명에 이르는 수감자의 경험에 입각해 고문과 형벌, 모욕과 암살, 폭동 등 소련 강제 노동 집단 수용소의 상황과 환경이 수감자의 인성에 끼치는 영향을 치밀하게 묘사했다. 솔제니친은 이론, 법률,

행정 등 다양한 관점에서 소련 강제 노동 집단 수용소의 기원을 레닌의 시대까지 소급했다. 그는 이 집단 수용소가 소련의 정치, 경제 제도 아래서 만들어진 고유한 감옥 체계라고 믿었다. 집단 수용소에 수감되는 것은 정치범만이 아니었다. 미미한 경범죄인 소매치기나 무단 직무 유기는 물론, 정부를 비판하거나 상사를 존경하지 않았다는 죄목까지도 강제 노동 집단 수용소에 갇히는 이유가 될 수 있었다.

『수용소 군도』의 원래 제목은 '굴라그 군도'Архипелаг ГУЛАГ이지만, 사실 굴라그 군도는 특정 지리를 가리키는 고유명사가 아니다. Архипелаг(아르히펠라그)는 줄지어 있는 섬을 가리키는 군도群島라는 뜻이며, ГУЛАГ(굴라그)는 강제 노동 집단 수용소를 주관하는 소련 정부 기관명의 러시아어 약어다. 솔제니친은 '굴라그 군도'라는 명사로 소련 영토에 있는 1,100여 개가 넘는 강제 노동 집단 수용소를 폭넓게 가리켰다. 수용소가 마치 줄지어 있는 섬들처럼 소련 각지에 흩어져 있다는 사실을 의미한 것이다. 현재 '굴라그'Gulag라는 명사는 영어에서 '강제 노동 집단 수용소'의 대명사로 사용된다.

『수용소 군도』의 출판 이후, 솔제니친은 반역죄로 기소됐고 곧이어 국경 밖으로 추방되어 시민권을 박탈당했다. 사람들은 대부분 폭력을 남용해 국민을 지배하는 정부에는 미련을 둘 필요가 없다고 생각할 것이다. 추방당하는 것 또한 일종의 해방이 아니냐고 여길 수도 있다. 그러나 한 사람의 작가, 한 사람의 지식인에게 자신이 사용하는 언어와 문화 토양을 떠나는 일은 고통스러운 선택이 아닐 수 없다. 파스테르나크와 솔제니친은 이 같은 운명에 처했고 마찬가지로 그 고통을 감내했다. 그들은 노벨상을 받게 됐을 때 모두 스웨덴으로 상을 받으러 가기를 거절했다. 가장 큰 이유는 상을 받으러 갔다가 다시는 조국으로 돌아올 수 없을까 두려웠기 때문이다.

솔제니친은 독일과 스웨덴에서 2년을 체류한 뒤 다시 미국으로 건너가 북동부의 작은 외딴 마을에 은거해 집필에 몰두했다. 그는 미국 문화에 전혀 적응하지 못했고 이를 통렬히 비판했다. 그는 미국에서 유행하는 텔레비전 프로그램이나 로큰롤의 수준이 너무 천박하며, 이야말로 도덕과 문화 수준의 몰락을 나타내는 증거라고 보았다. 어려서부터 영문학 명작을 읽고 미국에서 거의 20년 동안 살았지만, 솔제니친의 영어는 전혀 유창하지 못했다. 이는 자신의 문화 토양을 떠나 또 다른 언어 환경에 놓이게 되었을 때 쉽게 적응하지 못하는 지식인의 공통된 경향을 잘 보여 줄 뿐 아니라, 다른 한편으로 솔제니친이 많은 일에 대해 양극단의 관점을 쉽게 절충하는 방법을 찾는 사상가가 아니었다는 사실을 반영한다.

소련 정치의 발전 상황으로 돌아가 보자. 흐루쇼프가 실각한 뒤 20년 동안 소련은 군사와 과학기술의 측면에서 여전히 미국에 대항할 만한 지위를 유지했다. 그러나 경제 발전은 앞으로 나가지 못한 채 뒤처져 유럽 국가들 가운데 마지막 자리를 차지했다. 1985년에 총리가 된 고르바초프는 내정에서 경제 개혁과 언론 자유를 추진하며 정부의 정보를 투명하게 공개하는 등의 정책을 추진했고, 국제적으로도 점차 서구와의 냉전 관계를 해소하면서 전략적 대치 상황을 수습해 군비 경쟁을 완화했다. 이로 인해 1990년, 그는 노벨 평화상을 수상했다.

고르바초프는 새로운 러시아 정치인의 이미지를 창조했다. 그는 전혀 감정을 드러내지 않는 강철 같은 얼굴에 맞지 않은 옷을 입는 데다 도무지 말주변이라고는 없는 러시아 정치인의 이미지를 완전히 뒤바꿔 놓았다. 그는 무척이나 친근하고 쉽게 친해질 수 있는 사람이었고 때와 장소에 맞는 옷차림을 할 줄 알았다. 고르바초프는 은퇴한 뒤 미국의 피자 회사인 피자헛과 프랑스의 명품 브랜드 루이비통의 전속 모델로 텔레비전에 등장하기도 했다. 광고에서 그는 자상한 할아버지 또는 성공한 사업가의 이미지를 보여 주었다.

고르바초프는 소련의 마지막 총리다. 1991년, 소비에트 사회주의 공화국 연맹이 해체되고 연맹에 속했던 15개 국가는 제각기 독립했다. 연맹의 가장 중요한 일원이었던 러시아는 러시아 연방을 수립해 국제 사회에서 소련의 위치와 책임을 상당 정도 계승했다.

정치 환경의 변화로 솔제니친은 1990년에 러시아 시민권을 다시 획득했다. 1994년, 솔제니친은 미국에서 러시아로 돌아 갔고, 과거 금서였던 그의 작품들은 드디어 러시아에서 간행 되었다. 러시아 정부에서는 '솔제니친 문학상'을 제정해 그에 게 존경을 표했으며, 그는 저술 활동을 이어 갔다. 앞서 말한 바와 같이, 솔제니친의 극단적 시각은 그에게 영광과 모멸을 절반씩 떠안겼다. 조국으로 돌아간 지 10여 년 후인 2008년 8월 3일, 그는 향년 89세를 일기로 세상을 떠났다.

이반 데니소비치의 하루

우리가 삶에서 전심전력으로 진리를 추구하지 않는다면 진리는 우리에게서 떠나갈 것이다.

::

「이반 데니소비치의 하루」는 러시아 문학가 솔제니친이 1962년에 출간한 중편소설로 소련의 강제 노동 집단 수용소에 수감된 데니소비치의 하루를 묘사한다.

스탈린 시대에 소련은 대규모 강제 노동 집단 수용소를 갖추고 정치범, 불순분자, 간첩, 반역자 등 각양각색의 범죄자를 재판 과정도 없이 수감했다. 스탈린이 통치하는 20~30년 동안 강제 노동 집단 수용소에 수감된 인원은 수백만 명에 이르는 것으로 추산된다. 솔제니친은 친구에게 쓴 편지에서 스탈린을 비판해 8년 동안이나 수감되었다. 소설 속의 묘사는 바로 그 자신의 경험이다. 수용소의 날들은 하염없이 길고 변함없이 되풀이되었다. 일거수일투족이 완전하게 통제되었고 생활 수준은 열악했다. 배부르게 먹을 수 없었고, 따뜻하게 입을 수 없었으며, 외부로부터 거의 완벽하게 격리되었다.

솔제니친은 주인공 데니소비치가 수용소에서 보내는 하루를 통해 이런 생활을 그리고자 했다. 그는 전형적인 하루, 어쩌면 아주 평범하고 담담하다고나 할, 큰 사건도 없고 의외의 일도 없는, 그래서 당연히 어떤 놀라움이나 기쁨도 없는 그런 하루를 선택했다. 그저 말하기도 뭣한 사소한 일들, 일어난 뒤에는 곧 잊히거나 변함없이 되풀이되기 때문에 흐릿한 잿빛으로 모호해지는 그런 일들을 담았을 뿐이다. 솔제니친은 희망도 없고 기댈 데도 없는 수감자의 감정, 수감자가 강제 노동 집단 수용소에서 느끼는 가장 큰 괴로움을 세밀하게 써냈다.

집단 수용소에서 개인은 자유롭게 활동할 공간을 제한당하고, 오로지 숙소와 식당, 작업장에서만 지낼 수 있었다. 또한 그들은 자유롭게 활동할 수 있는 시간마저 박탈당했다. 그들은 자신의 삶에서 10년에서 25년에 이르는 시간을 빼앗겼다. 매일 아침 5시면 무쇠 망치로 녹슨 철판을 두드리는 소리에 잠을 깨야 했고 기상 시간을 지키지 않으면 처벌을 받았다. 점호는 한 번만이 아니라, 두 번에서 세 번까지 거듭되었다.

너무도 소중한 자유

데니소비치는 말한다. "그때 가장 견디기 어려웠던 것은 어둠, 추위, 배고픔과 끝이 보이지 않는 노동이었다." 아침 점호에는 신체검사도 있었다, 죄수복 아래 평범한 사람이 입는 일상복을 따로 걸치는 일은 금지되었다. 남몰래 빵을 숨기는 일도 금지였다. 몰래 도망가기 위한 준비로 간주되었기 때문이다. 숙소에서 작업장까지 가는 동안에는 계속해서 사람들의 수를 헤아렸다. 작업장에 들어갈 때는 언제나 인원수를 파악했으며, 작업장을 떠나 숙소로 돌아올 때도 인원수를 확인했다. 이날은 463명이 작업장에 들어갔는데 나올 때 한 사람이 모자랐으므로 다시 사람들의 수를 헤아리며 구석구석을 다 뒤졌다. 나중에 보니 한 사람이 공장에 숨어서 졸고 있었다. 이 사람이 발견되자 모두가 그를 때리라고 고함을 질렀다. 그 때문에 하루 30분의 자유 시간을 박탈당했던 것이다. 하염없이 긴 하루 동안 사람들에게 허락된 자유 시간은 오직 잠자리에서 일어나 아침밥을 먹기 전까지, 작업장에서 숙소로 돌아와 저녁밥을 먹기 전까지의 짧은 시간뿐이었다. 그러니 얼마나 소중했겠는가! 작업장을 떠날 때는 원래 어떤 물건도 가지고 돌아갈 수 없었다. 그러나 사람들은 모두 어떻게든 나무토막이나 부스러기 등을 숨겨 갈 생각을 했다. 숙소로 돌아가면 난로 속에 넣어 불을 지필 수 있었기 때문이다.

수용소에서 식사는 가장 중요한 '사건'이었다. 오트밀, 배추, 작은 생선⋯⋯. 그리고 운이 어떨지 봐야 했다. 음식 배급을 담당하는 사람이 큰 국자로 주느냐 작은 국자로 주느냐, 국자가 솥 위쪽만 스치느냐 바닥까지 제대로 긁어 주느냐, 두 눈을 똑바로 뜨고 지켜봐야 했다. 영하 20도의 날씨에 먹는 뜨끈뜨끈한 스튜 한 그릇은 커다란 행복이었다. 죄수들에게는 수면 시간 외에 아침밥을 먹는 10분과 점심밥을 먹는 5분, 저녁밥을 먹는 5분만이 온전한 자기 시간이었다. 날씨가 아무리 추워도 이반 데니소비치는 언제나 단정하고 엄숙하게 모자를 벗어 놓고 자신의 숟가락으로 밥을 먹었다. 먹고 난 뒤에는 숟가락을 깨끗하게 닦아 장화 속에 숨겼다. 생선을 먹을 때는 한 마리를 머리부터 발끝까지 깨끗하게 먹어 치웠다. 비늘이나 눈알까지도 남기지 않았다. 물론 그릇도 바닥까지 깨끗하게 긁어 먹었다. 아무리 보잘것없는 먹을거리라도 얼렁뚱땅 마구잡이로 먹어 치우는 것은 낭비라고 여겼다. 그는 한 입한 입이 가져다주는 충족감을 만끽했다. 한 입의 뜨거운 스프는 온몸을 따뜻하게 데워 주었다. 이것이 죄수인 그에게 가장 소중한 시간이었다.

집단 수용소는 외부와 거의 완전히 격리되었다. 누구나 일 년에 두 통의 편지만 밖으로 보내고 두 통의 편지만 받을 수 있었다. 이반 데니소비치는 7월에 한 통의 편지를 부쳤고 10월에야 한 통의 편지를 받았다. 편지 한 통을 부치는 것은 마치 밑도 끝도 없는 심연 속에 돌멩이 하나를 던지는 것과 같아서 일단 떨어지면 그대로 하염없이 가라앉고 되돌아올 줄 몰랐다. 게다가 대체 뭘 쓸 수 있다는 말인가? 자신이 지금 뭘 하고 있는지도 쓸 수 없고, 그 안에서 자신을 감시하고 있는 간부들의 얼굴에 대해서도 쓸 수 없는데.

일 년에 두 번 받는 편지에는 별다른 소식을 전할 수도 없었다. 아내가 그에게 말했다. 마을에 새로운 직업이 하나 생겼는데, 손으로 카펫에 무늬를 놓는 일이라고. 그녀는 그가 풀려난 뒤에 집으로 돌아오면 그 일을 할 수 있을 거라고 했다. 이반 데니소비치는 그런 일은 한 번도 해 본 적이 없는데 어떻게 할 수 있겠느냐고 대답했다. 수용소에 갇힌 지 오래지만 내일 당장 무슨 일을 해야 할지조차 계획할 수 없는 처지다. 석방되고 난 뒤에 무슨 일을 하면서 가족의 생계를 지킬지 생각할 수 있겠는가? 게다가 어떤 사람도 기한을 다 채우고 석방되었다는 이야기를 들은 적이 없다.

아무리 생활이 어렵다 해도 사람이란 온갖 수단을 다 동원해 어떻게든 살아 보려고 고민하는 법이다. 이반 데니소비치는 사람들을 도와 장갑을 꿰매고 옷을 기워 주며 잔돈푼을 벌었다. 작업장에서 짤막한 톱날 조각을 발견한 그는 열흘간 독방에 감금될 위험을 무릅쓰고 톱날을 숨겨서 돌아왔다. 톱날은 신발을 수리해 잔돈푼도 벌 수 있고 다른 사람이 소지지를 자를 때 빌려줄 수도 있는 도구였다. 그러면 그 사람은 미안한 마음에 조금쯤 먹을 것을 나눠 줄 것이다. 이처럼 작은 칼 하나는 곧 돈이었고 먹을거리였다. 그는 다른 죄수에게 먹을거리 소포가 왔다는 사실을 알게 되면 자청해서 그 대신 줄을 서 소포를 받아다 주었다. 그러면서 대가로 비스킷 두 조각이나 소시지 한 조각을 얻었다. 아껴 둔 잔돈푼으로는 다른 사람에게 담배 한 개비를 살 수도 있었다. 그렇지 않으면 다른 사람이 담배를 피울 때 망을 봐 주기도 했다. 그러면 그 사람이 그 대가로 한 모금을 빨게 해 줄 것이다. 피우다가 떨어뜨린 꽁초를 주워 한두 모금쯤 빨 수도 있었다.

살아남기 위해, 그리고 살아가기 위해, 죄수들은 서로에게 냉담했고 그들 사이에서는 어쩔 수 없는 경쟁이나 충돌이 발생했다. 그러나 이로 인한 원한이나 폭력은 찾아볼 수 없었으며, 다소의 분개와 상호 연민이 그와 공존했다. 담배 한 개비나 비스킷 한 조각, 오래된 신문 한 장 또는 두어 마디의 뜻 없는 농담 따위가 오가기도 하는 것이다. 어쨌거나 여기에는 목숨을 걸고 빼앗아야 할 가치가 있는 물건이 아예 존재하지 않았다.

하루를 마치고 이반 데니소비치는 만족스럽게 자리에 누워 잠이 들었다. 그는 아무도 원망하지 않았다. 그저 '나는 견뎌 나갈 수 있다.'라는 생각뿐이었다. 그날은 더욱이 먹구름 한 점 없이 맑은, 즐거운 하루였다. 그는 재수가 꽤 좋았다. 독방에 감금되지도 않았고 속한 부대가 수용소를 떠나 먼 곳으로 노역하러 가는 일도 없었다. 되는대로 양을 끌어 주고 밥 한 그릇을 더 얻어먹기도 했다. 작업장에서 담장 쌓는 일도 상당히 순조로웠다. 게다가 몰래 톱 조각 하나를 숨겨 올 수도 있었으며, 먹을거리가 담긴 소포를 받아 주고 담배 한 번을 얻어 피우기도 했다.

온 마음과 힘을 다해 진리를 추구하다

이날과 거의 다름없는 날들을 그는 이미 3,653일이나 보냈다. 다시 말해 10년이다. 10년 중에 윤년이 끼어 사흘이 더해졌다. 이반 데니소비치는 원래 10년 수감을 판결받았다. 그러면 이 하루는 그가 집단 수용소에서 보내는 마지막 날이 되었을까? 그 계산은 틀렸다. 그것은 그의 환상에 불과했다. 독자에게 헛된 짐작을 하게 만들었을 뿐이다.

「이반 데니소비치의 하루」가 출간된 뒤 솔제니친은 세계 문단에서 명성을 떨쳤다. 흐루쇼프가 권력 투쟁 실패로 하야한 뒤, 소련의 정치 분위기는 또 한 차례 변했다. 솔제니친은 국가 반역죄로 기소당해 시민권을 박탈당하고 국경 밖으로 추방되었다. 유럽에 2년간 머문 뒤 그는 미국으로 가서 동북부의 작은 마을에 거처를 정하고 10여 년을 살았다. 소련이 해체되고 나서야 그는 러시아 시민권을 회복하고 귀국해 모스크바 근처에서 생을 마쳤다.

솔제니친이 미국에 거처를 정하고 얼마 지나지 않아, 하버드대학교에서는 그에게 명예박사 학위를 수여하며 졸업식 연설을 부탁했다. 이 연설에서 솔제니친은 직접 서구 정치 문화의 단점을 지적했다. 그러나 그 전에 먼저 솔제니친이 세상을 떠났을 때 어떤 유명한 기자가 추억을 회상하며 쓴 짧은 일화를 전하고자 한다. 그녀는 솔제니친의 큰 아들과 대학 동기였다. 하루는 그녀가 솔제니친의 집에 갔는데, 솔제니친이 그녀에게 물었다. "자네는 대학에서 뭘 전공하나?" "문학입니다." "무슨 문학이지?" "미국 문학이죠." 솔제니친이 말했다. "그밖에 다른 문학들이 있다는 사실도 알아야 하네!"

솔제니친의 연설은 이렇게 시작된다. "하버드의 교훈은 진리입니다. 삶에서 온 마음과 힘을 다해 추구하지 않으면, 진리는 결국 떠나 버리고 말지요. 그 사실을 우리는 경험을 통해서 알게 됩니다. 진리는 오해받기 쉬우며 아주 이따금씩만 즐거운 것입니다. 진리는 종종 쉽게 받아들이기 어려운 것이지요. 오늘 제 연설에서 여러분이 받아들이기 힘든 내용이 있었다면, 그 모두가 적이 아닌 친구의 진심에서 우러난 것임을 기억해 주십시오."

행복인가, 재난인가?

30여 년 전에 세상은 두 진영으로 나뉘어 있었다. 미국이 이끄는 자본주의 진영과 소련이 앞장선 공산주의 진영. 그러나 18세기 유럽 식민주의의 확대에서 제2차 세계 대전 이후 미국의 부상까지, 전 세계의 다른 국가와 지역이 서구의 모델과 제도를 따라야 한다는 순진한 생각은 변함없이 이어졌다. 그러면 세계가 모두 한결같아지고 대립이 해소되리라는 믿음이 있었던 것이다. 솔제니친은 다른 모델을 완전히 초월한 하나의 모델은 없으며 하나의 모델을 바꾸는 것은 절대 쉽지 않은 일이기에 종종 폭력을 수반한다는 사실을 지적했다. 수많은 각도에서 완벽한 하나의 모델을 받아들이는 것은 동시에 이런 모델의 수많은 결점을 받아들인다는 의미이기도 하다.

30여 년이 지난 오늘날 소련은 이미 해체되었고 아시아와 남아메리카의 국가들이 부상하고 있지만 제3세계는 여전히 가난한 후진국에 머물고 있다. 이 경험은 우리가 단기간 내에 보편적으로 적용할 수 있는 완전무결한 모델을 찾아낼 수 없으리라는 사실을 더욱 분명히 확인시켜 준다. 그럼에도 미국으로 대표되는 서구 모델은 여전히 절대 영향력을 행사하기에, 우리는 30여 년 전 솔제니친의 비판을 통해 서구의 정치, 경제, 문화 모델을 검토해 볼 필요가 있다. 이 모델은 오늘날 우리가 주변에서 발견하게 되는 수많은 현상까지 반영하기 때문이다.

첫째, 국가의 팽창과 사회의 번영에 뒤따르는 것은 종종 도덕과 용기의 추락이다. 특히 정치적으로 권력을 잡은 이들, 경제적으로 이득을 보는 이들, 학문적 엘리트들은 자신들이 옳다고 생각하거나 이미 절대 권력을 장악했기에, 또는 현재 상태를 유지하고 기득권을 보호하고자 하기에 정의와 공리, 이해와 동정 따위를 쉽게 망각한다.

국가는 종종 패권주의나 침략자, 테러리스트 앞에서 약해지며, 위협할 필요가 있는 후진국이나 약소민족 앞에서 제멋대로 굴거나 무도해지곤 한다. 마찬가지로 사회 엘리트인 지식인은 자주 권위 앞에서 침묵하며 지식 권력이 없는 약자에게나 목청을 높인다. 옳고 그름을 밝혀 낼 용기를 잃은 이들은 사회를 위한 양심과 이상을 지키고 모범이 되어야 할 소임마저 저버린다.

둘째, 서구의 정치 및 경제 이념은 '정부가 시민을 위해 봉사한다.'라는 것이다. 시민은 마땅히 행복한 삶을 추구할 수 있는 무한한 기회와 공간을 보장받아야 한다. 행복과 재산이 등호로 표시될 때, 끝없는 탐욕이 가져오는 것은 부정한 수단과 생명까지 담보로 삼는 극한의 경쟁이다. 물질의 추구가 정신의 안정이나 즐거움과 항상 일치하지는 않는다. 오늘날 우리는 엄청난 액수의 금전 거래, 호화 주택과 고급 승용차의 구매, 귀금속 장식품의 증여 등을 목격한다. 그래서 그것들이 우리에게 가져오는 것은 행복인가, 재난인가?

셋째, 서구의 법치 정신이 가져온 '합법적이기만 하면 무엇이든 해도 좋다'라는 원칙이 있다. 법률은 사람이 만들고 사람이 해석하고 사람이 집행하는 까닭에, 이 원칙은 종종 사람에 의해 남용된다. 석유 회사는 합법적으로 새로운 에너지 발명을 사들이고 생산을 봉쇄하거나 파괴하면서 자신의 상업적 이익을 보호할 수 있다. 식품 회사는 독극물은 아니지만 어린 아이의 건강에 좋지 않은 식품을 합법적으로 팔 수 있다. 담배 회사는 누구나 다 알고 있듯이 인간의 건강에 해로운 담배를 판다. 법률과 규정이 존재하지 않는 독재 국가에서는 존재하는 모든 것이 위험하다. 그러나 법률만 있고 그 밖의 다른 규정이나 원칙이 결여된 국가에서는 여기저기 함정이 있다. 도덕과 용기가 부족하면 법률은 겉보기에만 그럴듯한 간판이나 엄폐물이 된다. 합법적인 공격과 살해, 합법적인 탐욕과 부정, 합법적인 비방과 모함의 사례는 세계 곳곳에 있다.

넷째, 제한이 없는 자유는 무책임한 자유와 파괴적인 자유를 포함한다. 법치가 보편화되어 있는 서구 사회의 범죄율이 법률의 보호를 받지 못하는 가난한 시민 사회보다 높은 경우는 상당히 많다. 미디어의 자기 방임은 더더욱 심각하다. 언론의 자유와 시민의 알 권리라는 전제 아래 미디어는 그들의 도덕적 책임을 잊거나 버리고 시류와 유행을 좇기에 바쁘다. 염불보다 잿밥이라고, 주관을 유지하기보다 우세를 점하는 데만 관심을 가진 미디어는 '제4의 권력'인 그들에게 주어진 소임을 다하지 못한다. 언론의 자유가 고도로 발달되었다고 해서 그 사회가 독립적인 사고력을 완전히 갖추었다고 할 수는 없다.

솔제니친은 절대 권력의 사회 제도 아래 성장하면서 박해를 받았고 결국 추방당해 유랑하는 삶을 살았지만, 서구 사회에 정착한 지 몇 년이 채 되기도 전에 이 사회에도 수많은 결점이 있다는 사실을 발견했다. 그는 당시 서구의 사회 모델이 모두에게 받아들여질 수는 없으며 서로 다른 국가와 지역에 일률적으로 적용될 수도 없다고 생각했다. 사실 오늘날에도 그러하다. 그러나 이는 사실의 부정적인 일면을 지적하는 소극적인 결론일 뿐이다.

그렇다. 서로 다른 역사, 지리, 문화 배경에서 서로 다른 국가와 사회는 서로 다른 정치, 경제, 문화 모델을 따르지만 그 가운데는 공통의 최대 공약수가 있다. 바로 인성이다. 공감하고 연민하는 마음, 꺾이지 않고 숙이지 않는 용기, 속박을 받지 않는 독립 정신, 물질을 초월하는 정신적 만족의 추구, 널리 보고 멀리 보는 시각. 이는 어떤 정치, 경제, 사회 모델에서든 반드시 붙들고 유지해야 하는 최대 공약수이다. 오늘날 누리는 번영과 진보, 자유 민주주의 사회 모델을 논하면서, 우리는 이반 데니소비치가 겪은 강제 노동 집단 수용소의 생활을 돌아보지 않을 수 없다. 그것은 얼마나 다른 생활인가! 그러나 우리는 수용소 안에서도 어렴풋하게 존재하는 이 최대 공약수를 발견할 수 있다.

인성의 진리와 선의, 아름다움을 추구하는 것은 시공간의 환경으로 제약을 받거나 변할 수 있는 일이 아니다.

1미터는 얼마나 긴가?

표준화는 말로 들으면 간단하지만 실행하자면 복잡한 문제다.

길이의 경우를 예로 들면 미터와 킬로미터가 있고 피트와 마일이 있다.

모두가 1미터는 3.28피트라는 것을 안다.

그렇다면 1미터는 어떻게 정해졌는가?

::

중국의 유가 경전 가운데 사서오경四書五經이 있는데, 사서
는 공자의 제자들이 편찬한 『논어』와 맹자가 쓴 『맹자』, 증자
가 쓴 『대학』과 자사가 쓴 『중용』이며, 오경은 『시경』, 『서경』,
『예기』, 『주역』, 『춘추』다.

『예기』는 공자의 제자들과 전국 시대 유가 학자들의 작품을
수집한 것으로 지금까지 모두 59편이 전한다. 그 가운데 한 편
인 「제의」에 효孝의 의미를 설명한 단락이 있다. 좁은 의미로
'효'는 부모의 말에 따르는 것이고, 넓은 의미에서는 부모의
가르침을 귀담아듣고 이를 실행하려고 힘쓰는 것이다. 자신을
돌보거나 다른 사람을 대하거나 일을 하는 모든 경우에 언제
나 부모의 가르침을 따르고 드러내야 한다. 그러므로 부모에
게 효도한다는 것은 국가와 사회에 공헌하는 정정당당한 사람
이 된다는 말이다. 「제의」에서는 '효'의 도리가 시간이나 공간
의 제약을 받지 않으며 "동해에 두어 널리 미치도록 표준으로
삼고, 서해에 두어 널리 미치도록 표준으로 삼고, 남해에 두어
널리 미치도록 표준으로 삼고, 북해에 두어 널리 미치도록 표
준으로 삼는다"라고 말한다. 이것이 "사해에 두어 널리 미치

도록 표준으로 삼는다"放諸四海而皆準라는 말의 출처다.

지금 하려는 말은 효도에 대한 것이 아니다. '사해의 표준으로 삼다'라는 말이 중요하다. 이 말은 시공간의 환경 변화에 따르지 않는 진리와 원칙, 예를 들어 평화, 박애, 성실, 선량 등을 형용한다. 그러나 과학에 종사하는 사람은 이 말을 다른 각도에서 바라본다.

표준화는 세계를 더욱 평평하게 만든다

진시황은 중국을 통일한 뒤에 이렇게 말했다. "하나의 원칙으로 깊이와 무게, 길이와 부피를 재고, 수레의 폭을 같이하며, 글을 쓸 때는 서체를 함께한다." 통일된 규격으로 깊이와 무게, 길이와 부피를 재고, 통일된 규격으로 수레의 폭을 맞추며, 같은 형태의 글씨체로 문자를 통일한다는 뜻이다. 현대의 용어로는 '표준화'다. 표준화를 시행하면 전 세계에 하나의 표준이 통용되지 않겠는가! 나는 동시에 베스트셀러로 유명한 『세계는 평평하다』를 떠올린다. 세계가 작고 평평해질 때 사해, 즉 전 세계의 소통과 협력은 더욱 편리해질 것이며, 수많은 개념과 방법으로 '사해의 표준으로 삼다'라는 이상을 실현할 수 있을 것이다.

먼저 표준화부터 이야기하자. 표준화는 말로 들으면 간단하지만 실행하려 들면 복잡한 문제다. 길이의 경우를 예로 들어보자. 요즘은 거리와 길이의 계산에 대부분 미터법을 사용하지만, 피트와 마일 같은 영국식 단위를 사용하는 지역도 있다. 1미터는 몇 피트인가? 답은 3.28피트다. 그렇다면 1미터는 어떻게 정해졌는가?

18세기에는 "1미터란 북극에서 적도까지 거리의 1천만 분의 1이다."라는 정의가 있었다. 북극에서 적도까지의 거리는 또 얼마나 되는가? 그때 프랑스 과학원에서 조직한 탐험대가 이 거리를 결정했다. 물론 이는 그저 주변 이야기에 불과하다. 어쨌거나 결론은 미터란 일종의 공인된 표준이라는 사실이다. 과학기술의 진보에 따라 빛의 속도 또한 측정할 수 있게 되었다. 빛의 속도는 일정하기 때문에 우리는 진공 상태에서 빛이 1초 동안 가는 거리를 299,792,458미터로 정할 수 있다. 실험실에서 빛의 속도를 측정하는 일은 상당히 복잡하다. 실용적인 방법 가운데 하나는 레이저helium-neon laser를 진공 상태에 발사해 얻어지는 빛의 파장으로 1미터의 근사치를 추정하는 것이다. 물론 오늘날 거리와 길이를 정밀하게 측정하는 일은 이미 더 이상 과학자의 실험실에서 이루어지는 지적 유희가 아니다. 예를 들어, 우리가 반도체 산업의 45나노미터 공정을 이야기할 때, 1나노미터는 1미터의 10억 분의 1이다. 만약 1미터라는 길이에 어떤 오차가 발생한다면 그 영향은 무척 클 것이다.

그렇다면 1킬로그램은 몇 파운드인가? 답은 2.205파운드다. 1리터는 몇 갤런인가? 이건 더 골치가 아프다. 1리터는 미국식으로는 약 0.26417갤런이고, 영국식으로는 약 0.21997갤런이다. 그러므로 주유를 할 때 리터당 요금을 4로 나누면 대략 1미국갤런의 금액이 된다. 여기 또 다른 문제가 하나 있다. 여러분도 답을 생각해 보기 바란다. 영국갤런과 미국갤런 가운데 어느 쪽에 더 양이 많은가? (1영국갤런은 4.5461리터이고, 1미국갤런은 3.7854리터다)

온도는? 많은 나라에서 섭씨온도를 사용한다. 18세기 스웨덴의 어느 천문학자의 이름에서 따온 이 표준은 물의 어는점을 0도로 삼고 끓는점을 100도로 삼는다. 이 밖에 미국과 몇몇 소수 국가에서 사용하는 화씨온도가 있다. 이는 18세기 독일 물리학자 파렌하이트Daniel Gabriel Fahrenheit의 이름에서 따온 것이다. 화씨온도에서는 물의 어는점이 32도이고 끓는점이 212도이다. 내가 초등학교에 다닐 때는 모두 화씨온도와 섭씨온도의 변환 공식을 외워야 했다. 예를 들어, 건강한 사람의 체온은 섭씨 36.8도이고 화씨 98.24도이다.

'표준'이 없으면 곤란한 일이 많다

몇 년 전에 나는 캐나다의 한 대학에서 강연을 요청받은 적이 있다. 한겨울인 2월이라 견딜 수 없을 만큼 추웠는데 공항으로 마중 나온 친구가 이렇게 말했다. "오늘 정말 춥다. 온도가 영하 사십 도야." 엔지니어였던 나는 그의 말이 정확하지 않다고 생각해 바로 되물었다. "섭씨 영하 사십 도라는 거야, 화씨로 영하 사십 도라는 거야?" 그가 웃으며 내게 말했다. "어느 쪽이라고 생각해?" 친구는 내게 장난을 치려다가 그만 미리 속내를 들키고 만 셈이었다. 섭씨 영하 사십 도는 화씨로도 영하 사십 도다.

이로써 "하나의 원칙으로 깊이와 무게, 길이와 부피를 잰다."라는 진시황의 말이 결코 쉽지 않다는 사실을 알 수 있다. 특히 과학이 발전할수록 필요한 정밀도는 점점 더 높아지고 표준화는 더 중요해진다.

"수레의 폭을 같이"하는 것은 어떤가? 사실 이는 하드웨어의 표준화다. 모두들 상상할 수 있듯, 교통이 아직 발달하지 않았던 고대에는 사람들 마음대로 수레의 크기가 결정되었다. 진시황이 오늘날 고속도로에 해당하는 당시의 '치도'馳道를 건설했을 때 비로소 수레와 도로의 폭이 표준화되었다. 두 바퀴 사이의 거리는 여섯 자로 정해졌고, 그 이유와 목적은 무척 명확하다. 오늘날 승용차와 화물차에도 일정한 규격이 있는데 이 규격이 정해진 이유와 목적 또한 마찬가지다.

철도는 어떤가? 전 세계 철도의 폭은 60퍼센트 이상이 4피트 8.5인치, 그러니까 1.435미터이다. 이 표준의 기원은 19세기로 거슬러 올라가는데, 어떤 사람들은 영국의 철도가 로마 제국이 남긴 유적에서 발전한 것이라고 한다. 로마 제국의 전차 바퀴 사이의 간격이 거의 이 정도 폭이었기 때문이다.

사용자와 제조자의 관점에서 보면 표준화는 무척 중요하다. 우리가 백화점에 가서 양복을 살 때 판매원에게 "50사이즈 한 벌 주세요."라고 말하면, 어떤 브랜드이든 상관없이 몸에 맞는 양복을 입을 수 있다. 그러나 50사이즈란 유럽식 규격이다. 미국식 규격에 따르면 40사이즈가 된다. 의류 제조업에서는 아직 세계적으로 "수레의 폭을 같이"하는 정도로 표준화가 이루어지지 않은 것이다. 안경을 맞추러 갈 때는 내 눈이 근시인지 난시인지 잘 알지 못하더라도 상관없다. 전 세계 어느 안

경점에 가든 검안사가 쉽게 시력을 검사해 검안 결과에 따라 내게 꼭 맞는 안경을 만들어 주기 때문이다.

오늘날 각 지역을 여행할 때 우리를 골치 아프게 하는 사소한 문제들이 있다. 서로 다른 지역의 전력 시스템이다. 전력 시스템은 아직 완전히 표준화되지 않았기에, 어떤 곳에서는 220볼트를 사용하고, 어떤 곳에서는 110볼트를 사용한다. 높은 전압은 낮은 전압용으로 설계된 전기 기구를 태워서 고장 내고, 낮은 전압으로는 높은 전압용으로 설계된 기구를 아예 사용할 수 없다. 또 다른 골치 아픈 문제는 플러그와 콘센트가 맞지 않는다는 것이다. 어떤 플러그는 평평한 발이 두 개 달렸고 어떤 플러그는 둥근 발 두 개가 달렸으며 심지어 발이 세 개 달린 플러그도 있다. 일반적으로 가정용 전기 기구는 단상 교류 전력을 사용하며 전류가 흐를 때 두 개의 발을 통해 오고 간다. 세 번째 발은 안전상의 이유로 필요한 것이다. 의외의 상황이 발생했을 때, 정상적이지 않은 전류의 흐름을 없애 주기 때문이다.

휴대전화 충전 커넥터는 서로 다른 제조사의 커넥터와 통용할 수 없을 뿐 아니라, 같은 제조사 제품이라고 해도 모델에 따라 달라 바꿔 쓸 수가 없다. 하나의 휴대전화에 한 가지 커넥터가 불가피한 것이다. 오늘날에는 사람마다 휴대전화를 몇

대씩 가지고 있는 탓에 한 집 안에 열몇 대의 휴대전화가 있게 돼 대단히 어수선하다. 왜 휴대전화 제조사는 휴대전화 충전기에 사용하는 커넥터를 표준화하지 않을까? 한 가지 해석은 휴대전화 시장이 여전히 전쟁터라 제각기 적과 싸우기 바빠 아무도 이 문제에 대해 소통할 여유나 의지가 없다는 것이다.

말이 나온 김에 한 가지 더 이야기해 보자. 오늘날에는 커넥터로 휴대전화를 충전하는 것이 일반적이지만, 충전은 전자기 유도 방식으로도 가능하다. 전자 감응 방식은 커넥터를 필요로 하지 않으며 멋지게 말해 보자면 '무선 충전'이다. 이는 변압기의 기본 원리이기도 하다.

집에서 전동 칫솔을 사용한다면 이 전자 감응 충전 원리를 잘 알 것이다. 전동 칫솔을 충전기 위에 놓으면 커넥터에 연결할 필요도 없이 충전이 가능하다. 현재 어떤 엔지니어가 휴대전화를 올려놓으면 전자 감응으로 충전이 가능한 충전 보드를 설계하고 있다. 언젠가는 가족들이 매일 퇴근을 하거나 하교를 한 뒤 자기 휴대전화를 충전 보드에 올려놓기만 하면 휴대전화가 저절로 충전될지 모른다. 이는 곧 '사해의 표준으로 삼다'라는 말에 부합한다. 전자공학 기술의 관점에서, 이런 일은 분명히 가능하다. 휴대전화 제조사 모두가 이런 방식으로 충전하는 휴대전화를 만드는 것, 그것이 "수레의 폭을 같이"

하는 문제다.

누가 표준을 정하는가?

제조자의 입장에서 표준화는 더욱 중요한 과제다. 세계가 점점 더 작고 평평해질수록 작업은 세분된다. 각각 다른 분업이 종종 각각 다른 제조사에 의해 진행된다. 컴퓨터 한 대에는 수백 개의 부속이 들어 있으며, 이 부속들은 각각 다른 업체를 통해 매입되고 제공된다. 칩의 제조 과정에는 재료와 기기의 공급부터 제조 과정 및 포장, 검수까지 포함된다. 이 작업들은 끊이지 않고 빈틈없이 이어져야 하고 이를 위해 필요한 것이 표준화다. 각 컴퓨터 부품과 각 제조 과정은 모두 표준화와 연관된다.

그러나 표준화는 말한다고 곧바로 이뤄지는 일이 아니다. 서로 다른 표준을 선택하고 적용하려 할 때, 누구에게 결정 권한이 주어지는가? 특히 세계화의 시대인 오늘날에는 "수레의 폭을 같이"하는 명령을 내릴 절대 권력 기구가 존재하기 어렵다. 더구나 서로 다른 표준 가운데 어느 쪽을 선택해야 할 것인가? 먼저 기술적으로 명확하게 위아래를 정할 수 없는 경우가 종종 있다. 예를 들어, 제2세대(2G) 휴대전화에는 서로 다른 주요 기술 표준이 세 가지, 즉 GSM(Global System for Mobile Communication), CDMA(Code Division Multiple Access), TDMA(Time Division Multiple Access)가 있다. 그 기술의 우위를 논하면 각각의 입장에 따라 서로 다른 결론에 이른다.

그다음, 표준의 선택에는 유서 깊은 전통과의 투쟁이 뒤따른다. 이미 오래된 표준을 고치려고 하는 것은 쉬운 일이 아니다. 20~30년 전쯤 미국에서 거리를 표시하는 도로 표지판을 영국식의 마일에서 킬로미터로 바꾸려 시도한 적이 있다. 정부는 그 일에 너무 많은 비용이 낭비될 뿐 아니라, 보통 사람들이 적응하지 못한다는 사실을 알게 되었다. 차가 300마일을 가는 데는 약 5시간 정도가 걸리는데, 300킬로미터를 가는 데는 얼마의 시간이 걸리는가? 미국인의 부족한 수학 능력은 종종 우스갯소리의 소재가 될 만큼 유명하다. 세 번째, 표준의 선택에는 정치적인 고려가 포함된다. 정치는 국력을 보여 주는 지표다. 정치 강대국은 기술 강대국이 되어 상대적으로 큰 목소리를 낼 가능성이 크다. 마지막으로 표준의 선택은 종종 방대한 경제 이익을 대변한다. 그래서 제조사 사이의 경쟁과 대립은 기술상의 고려를 완전히 뛰어넘는다.

끝으로 간단한 사례와 함께 이 주제를 마치고자 한다. 타이완에서는 차들이 모두 오른쪽으로 다닌다. 미국에서도 그렇다. 그러나 영국과 일본, 태국, 홍콩에서는 차들이 왼쪽으로 다닌다. 전 세계 인구 66퍼센트는 오른쪽 길로 운전하지만, 34퍼센트는 왼쪽 길로 운전한다. 좌우 통행 문제는 사람들을 헛갈리게 할 뿐 아니라 사고 발생 비율을 높인다. 만약 왼쪽으로 다니는 지역 한가운데에 오른쪽으로 다니는 지역이 있다면? 예를 들어 홍콩에서 선전까지 차를 몰고 가면 지역 분계선을 넘어설 때 차의 통행 방향이 바뀌어 엇갈리기 때문에 상당한 혼란을 겪게 된다. 왜 차가 다니는 방향을 전 세계적으로 일치시키지 않는가? 여러분은 그러기 위해 얼마나 많은 노동력과 재화가 소모될지 상상할 수 있을 것이다.

스웨덴에서 왼쪽으로 다니던 차들을 오른쪽으로 다니도록 바꾼 일이 있다. 1967년 9월 30일 새벽 5시를 대전환의 시간으로 삼았는데, 방향을 전환하기 4시간 전부터 전환하고 1시간 후까지 개인 차량은 아예 다니지 못하게 했다. 엔지니어들이 길에서 표지 신호를 바꾸었고 1개월 동안은 안전상의 이유로 자동차의 규정 속도를 전반적으로 낮추었다.

표준을 바꾸는 일은 아주 작은 것이라도 결코 작은 일이 아니다.

사해의 표준으로 삼다

바다가 바다인 까닭은 크고 작은 하천을 받아들여 마침내 큰 바다로 어우러지기 때문이다. 우리가 과학기술의 표준화를 이야기하거나 사회의 공통 이념을 세우고자 할 때는 바다처럼 서로 다른 의견을 존중하고 포용해야 한다.

::

'사해의 표준으로 삼다'라는 말은 세상의 그 어떤 보편 가치도 대변할 수 있다. 예를 들어 효도, 평화, 박애, 성실, 선량 등 널리 받아들여지고 존중되며 실천되는 숭고한 이념과 원칙 말이다.

공학의 관점에서 이 말은 진시황이 중국을 통일한 뒤에 그런 것처럼 '세상의 모든 곳에서 적용되는 표준 규격과 산물'로 해석될 수 있다. 이른바 "하나의 원칙으로 깊이와 무게, 길이와 부피를 재고, 수레의 폭을 같이하며, 글을 쓸 때는 서체를 함께한다."라는 것인데, 이는 '세계는 평평하고 작다'는 개념과 서로 호응한다. 세계화는 세계를 작게 만들고 많은 분야에서 표준을 세워 사해에 널리 미치도록 한다.

공학의 입장에서 보면, 표준화의 편리와 효율은 말하기는 쉽지만 실제로 이루기는 어렵다. 역사와 전통에 기초해 오랫동안 많은 사람이 받아들이고 익숙해진 어떤 표준은 굳이 다른 표준으로 바꿀 필요도 없고 쉽게 바꿀 수도 없다. 또는 기술 면에서 각기 다른 주장을 내세워 서로 양보하지 않거나 막대한 경제 이익 때문에 자신이 정한 표준과 그 배후의 시장을 포기하지 않으려는 경우도 있다.

재미있는 사례가 있다. 많은 지역에서 A4 용지를 표준 공문 용지로 사용한다. 가로세로 21×29.7센티미터의 이 용지는 국제 표준인 ISO216에 근거해 결정된 것이다. 그러나 미국과 다른 몇몇 국가에서는 21.59×27.94센티미터로 A4보다 가로가 약간 넓고 세로가 2센티미터 정도 짧은 용지를 표준 공문 용지로 쓴다. 서로 다른 크기의 용지에 찍어 내는 공문의 크기도 서로 다르기 때문에, 복사기와 팩스, 제본기 등의 설계 및 제조 방식도 다르다. 오늘날 이 두 가지 표준의 장벽은 분명해서 어느 쪽도 바뀔 가능성이 없다.

비디오 데크 대전

또 다른 재미있는 이야기는 1975년의 비디오 데크 대전이다. 당시 일본, 미국, 유럽의 몇몇 전자 제품 회사가 비디오 데크를 내놓았는데, 텔레비전과 영화의 영상과 음성을 마그네틱테이프에 기록했다가 다시 내보내 시청하는 방식이었다(비디오테이프의 기본 기능과 개념은 DVD와 동일하며 이미지를 녹화하거나 재생할 수 있다). 그러나 이렇게 비디오 데크 한 대를 설계하는 데도 회사마다 생산 공정과 규격이 모두 달랐다. 예를 들어 비디오의 신호가 어떤 식으로 마그네틱테이프에 기록되는가, 테이프의 폭은 어떤가, 속도는 어떤가 하는 차이가 있었다. 가장 좋은 상황은 모두가 한 가지 규격에 따라 마그네틱테이프에 기록을 남기는 것이다. 그렇게 해야 같은 규격의 비디오 데크에서 재생이 가능하기 때문이다. 이 이야기는 표준화되지 않아서 생긴 문제다.

일본의 소니에서는 1975년에 베타맥스Betamax라 불리는 비디오 데크를 내놓았고, 뒤이어 JVC에서는 1976년에 비디오 홈 시스템Video Home System, VHS이라 불리는 비디오 데크를 내놓았다. 두 비디오 데크는 규격이 완전히 달랐기에 시장에서 맞대결을 펼칠 수밖에 없었다. 사실 이 전쟁은 전혀 기술의 전쟁이라고 할 수 없었다. 일반적으로는 베타맥스의 기술력이 다소 앞선다고 이야기된다. 예컨대 이미지의 선명도가 상대적으로 높았다. 그러나 승패를 가른 것은 비디오테이프 대여 시장이었다. 어떤 규격의 대여용 비디오테이프가 더 많이 출시되는지가 소비자들의 비디오 데크 선택 방향을 결정했다. 다시 말해, 콘텐츠가 승부를 결정한 것이다. 어떻게 콘텐츠를 제공하는 영화 산업 관계자를 설득해서 해당 규격의 테이프로 출시하게 만드는지가 가장 중요한 키워드였던 셈이다.

그 밖에 흥미로운 문제는 베타맥스가 판매만 앞세우고 비디오 데크 대여를 금지했다는 데 있었다. VHS는 상대적으로 자기네 상품의 대여에 앞장서는 편이었다. 그때 비디오 데크의 가격은 상당히 비쌌는데(당시 나는 미국에서 1,300달러를 주고 베타맥스 1대를 샀다), 사람들은 대부분 비디오 데크 기술이 나날이 발전할 거라는 믿음을 가지고 있었기 때문에 사기보다 빌리고자 했다. VHS 비디오 데크를 사용하는 사람들이 많아지면서 VHS 규격의 비디오테이프도 늘었다. 물이 물고기를 돕고 물고기가 물을 돕는다고나 할까. 이런 기세로 VHS 규격이 시장에서 우세를 점하게 되었다. 또 다른 요소로는 예를 들어 VHS 규격 비디오테이프의 녹화 시간이 비교적 길다는 점을 들 수 있다. VHS는 자신들의 기술을 다른 제조 회사에 개방하고자 했고 베타맥스는 개방하길 원치 않았다. 그리고 VHS의 비디오 데크 가격이 베타맥스보다 낮았다.

오늘날 비디오 및 오디오의 녹화와 재생이라는 영역에서는 다음 세대의 일대 대전이 벌어지고 있다. 그것은 무엇일까?

베타맥스와 VHS의 녹화 시스템은 영상과 음성을 마그네틱 테이프에 기록하는 방식이었지만, 새로운 녹화 시스템은 광학 기술을 이용해 영상과 음성을 디스크에 보존한다. 이것이 우리 모두에게 익숙한 콤팩트디스크Compact Disc, 비디오 콤팩트디스크Video CD,VCD, 디지털 비디오디스크Digital Video Disc, DVD 다. 마그네틱테이프 기술에서는 자성체를 자기장에 투과시켜 자료를 마그네틱테이프에 기록하고 읽어 낸다. 디스크 기술에서는 레이저의 빛을 이용해 자료를 디스크에 기록하고 읽어 낸다. 레이저는 붉은빛, 초록빛, 푸른빛을 내며 어떤 색의 레이저로 쓰고 읽느냐가 기술의 최대 관건이다. 가시광선의 스펙트럼에서는 붉은빛 파장이 가장 길어서 약 700나노미터이고, 초록빛 파장은 중간 정도로 500나노미터이며, 푸른빛이 가장 짧아서 400나노미터이다. 레이저의 파장이 짧을수록 디스크에 보존되는 자료의 밀도가 높기 때문에 푸른빛의 레이저를 사용하는 디스크가 붉은빛을 사용하는 레이저의 디스크보다 4배 정도 많은 자료를 저장할 수 있다.

레이저는 1960년대에 발명되어 1982년에 이르자 이미 CD가 출시되었다. CD에 사용되는 것은 파장 780나노미터의 붉은빛이며, 나중에 점차 파장 650나노미터의 붉은빛을 사용하는 DVD로 바뀌었다. 앞에서 말한 내용에 따르면 DVD의 용량은 크기가 같은 CD에 비해 3배에서 5배 크다.

레이저 연구에 종사하는 과학자에게 어떻게 하면 푸른빛 레이저를 만들 수 있는가는 중요한 문제였고, 수많은 대기업에서도 이 분야의 연구에 매달렸지만 20여 년 동안 이렇다 할 결과가 나타나지 못했다. 1990년대 초에 이르러서야 일본 니치야 화학공업회사에서 무명의 연구원 나카무라 슈지中村修二가 마침내 푸른빛의 발광 다이오드Blue LED와 푸른빛의 레이저 다이오드Blue Laser Diode를 만들어 냈다. 나카무라 슈지는 1979년에 석사 학위를 받은 뒤 니치아 화학공업회사 연구개발부에 입사했다. 당시 연구개발부의 총인원은 3명이었다. 그는 10년간 열심히 일했지만 그가 개발한 상품들은 그다지 수익을 올리지 못했다. 그러나 그는 계속 노력했고 결국 세상을 발칵 뒤집어 놓을 신기원을 이룩했다. 1999년에 그는 미국 캘리포니아대학교 샌타바버라의 부교수로 초빙되었으며, 2006년에는 핀란드 밀레니엄 과학기술상을 받았다. 2년에 한 번 수여되는 이 상의 상금은 100만 유로로 과학기술계의 노벨상이라 할 만하다. 나카무라 슈지는 푸른빛 발광 다이오드를 발명해 니치아를 위해 적어도 2억 달러의 수익을 올렸지만, 일본의 관례에 따라 회사에서는 그에게 200달러의 포상금을 지급했을 뿐이었다. 2001년에 그는 법정 소송을 벌였고 법원에서는 니치아에 나카무라 슈지에게 1억 8천만 달러의 포상금을 지급하라는 판결을 내렸으나, 나중에 쌍방은 700만 달러로 합의했다.

공용과 호환의 필요

푸른빛 레이저의 파장은 약 400나노미터이기 때문에 자료를 저장할 수 있는 용량이 붉은빛 레이저보다 3배에서 5배까지 큰 편이다. 푸른빛 레이저 디스크의 규격에 대해 전 세계에 2대 진영이 존재하는데, 하나는 블루레이 디스크Blue Ray Disc이고 또 하나는 HD DVD High Definition DVD이다. 이 두 가지 규격에 대한 토론과 수립 과정에는 전자 제품을 생산하는 모든 브랜드가 참여하고 있다. 디스크 규격 경쟁은 앞서 이야기한 VHS와 베타맥스 비디오 데크의 경쟁보다 한층 더 격렬하다. 이에 따르는 경제 이익이 무척 크기 때문이다. 이 전쟁은 어느 쪽이 승리를 거둘지 알 수 없었으나, 2008년에 이르러 HD DVD 쪽에서 포기를 선언함으로써 블루레이 디스크가 다음 세대 저장 매체로 자리 잡게 되었다.

단일한 표준과 규격은 편리하고 효율적이다. 그러나 개방되고 진보한 환경에서 서로 다른 여러 표준과 규격이 상호 경쟁하고 충돌하면서 발전하는 것은 필연적인 일이다. 양 극단의 중간에는 두 가지 중요한 기술 개념이 있다. 하나는 '공용'interoperable이고 다른 하나는 '호환'compatible이다.

공용은 인터페이스를 통해 서로 다른 규격 시스템을 같이 운용할 수 있는 것을 가리킨다. 여행을 할 때 변압기와 멀티 어댑터를 가져간다면, 그 지역의 전력 체계나 콘센트의 규격 그리고 우리가 가져가는 전기 제품의 플러그가 어떠한 규격이든 문제가 되지 않는다.

호환은 서로 다른 규격을 포괄하고 받아들이는 것을 말한다. 매우 실제적이고 중요한 사례를 들면 오래된 기술이 새로운 기술로 바뀔 때, 오래된 규격을 새 규격에 포함해 새 규격 체제에서도 사용할 수 있도록 하는 것이다. 예를 들어, 푸른빛 레이저 디스크 규격을 설정하면서 이전의 붉은빛 레이저 CD, DVD를 같이 사용할 수 있게 하는 것으로, 이를 '하위 호환성'이라 한다.

한 가지 좋은 사례가 흑백텔레비전과 컬러텔레비전의 호환 문제다. 오늘날에는 흑백텔레비전을 보는 사람이 무척 적지만, 흑백텔레비전에서 컬러텔레비전으로 바뀌던 시기에는 방송국에서 흑백 프로그램을 방송할 수 있었고 그 프로그램은 어떤 텔레비전에서든 흑백으로 보였다. 그러나 방송국에서 컬러 프로그램을 방송하면 흑백텔레비전에서는 흑백 영상이 나왔고 컬러텔레비전에서는 컬러 영상이 나왔다. 이것이 호환이다. 간단하게 말해서 흑백텔레비전의 화소pixel는 오직 흑백의 밝기라는 한 가지 신호밖에 없으며, 컬러텔레비전에서는 각 화소에 서로 다른 세 가지 색깔의 신호가 있다. 그러나 흑백텔레비전과 컬러텔레비전의 영상 주파수 대역폭은 6메가헤르츠로 같다. 문제는 기술적으로 어떻게 이 호환 문제를 해결하는지에 있었다.

텔레비전 기술의 진보와 규격 수립이라는 면에서 보면 과거 몇십 년의 표준 해상도 텔레비전Standard Definition TV, SDTV에서 오늘날의 고해상도 텔레비전High Definition TV, HDTV에 이르기까지, 텔레비전은 한 장의 이미지를 약간의 선으로 나누고 각 선을 다시 약간의 화소로 나누어 영상을 전송했다. 표준 해상도 텔레비전에서 화면은 대략 480개의 선으로 나뉘며 각 선은 720개의 화소로 나뉜다. 고해상도 텔레비전에서는 화면이 720개 혹은 1,080개의 선으로 나뉘고 각 선이 1,280개 혹은 1,920개의 화소로 나뉜다. 당연하게도 화소의 총수가 증가하면서 화면의 선명도는 높아졌고 그에 따라 새로이 방송과 보존 기술 문제가 뒤따랐다. 이로 인해 HDTV의 규격은 여전히 수립 및 조정 과정에 있다. 이미 상당 정도 공론화되었으나 아직 분명하게 확정되지는 않은 상태다. HDTV와 SDTV의 호환 문제는 기술적으로 쉽지 않고 당장 해결해야 할 만큼 급하지는 않지만 SDTV는 아마도 서서히 도태될 것이다.

지금까지 '사해의 표준으로 삼다'와 "수레의 폭을 같이"하는 것부터 표준화의 문제, 나아가 하이테크놀로지의 발전에 대해 이야기했다. "바다는 모든 강을 아울러 크고 넓어진다."라는 옛말이 떠오른다. 바다가 바다인 이유는 수많은 크고 작은 시내와 강을 받아들이고 아우르기 때문이다.

과학기술의 표준화 그리고 공용과 호환의 문제를 이야기할 때면 이 옛말이 생각난다. 사회 공동 이념의 수립과 공동 목표의 추구를 이야기하며, 다름을 통해 같음으로 나아가면서 서로 다른 의견을 존중하고 받아들이고자 할 때면 언제나 이 옛말이 떠오른다.

세계는 평평하다

언어와 문자는 인류가 정보와 이념을 전달하고 교환하는 도구이자 소통과 협력의 중요한 도구이다. 표준 영어, 표준 중국어, 표준 일본어는 과연 존재하는가?

::

표준화에 대해 이야기하려니 베스트셀러였던 『세계는 평평하다』에서 언급된 세계화 현상을 언급하지 않을 수 없다. 이 책은 1950년대부터 시작된 컴퓨터와 통신 기술의 발전이 열 가지 어마어마한 동력으로 세계를 더 작고 평평하게 만들고 있음을 지적한다.

이 열 가지 중요한 동력에는 베를린 장벽 붕괴와 윈도즈의 출현, 넷스케이프의 출시, 워크플로 소프트웨어, 오픈소싱, 아웃소싱, 오픈쇼어링, 공급사슬, 인소싱, 인포밍, 저자가 '스테로이드'라 지칭하는 일부 신기술이 포함된다. 그러나 나는 이 열 가지 동력이 생겨나기 전에 더욱 기본적이고 중요한 세 가지 동력이 세계를 더 작고 평평하게 만들었다고 생각한다. 그것은 언어 및 문자, 교육, 운송 및 교통의 세계화다. 이어서 나는 언어와 문자의 세계화에 대해 이야기하고자 한다. 이는 진시황이 추진했던 "글을 쓸 때는 서체를 함께한다"라는 정책에 해당하는 내용이기도 하다.

언어와 문자는 인류가 정보와 이념을 전달하고 교환하는 도구이자 소통과 협력의 중요한 도구이다. 20세기에 영어는 의심의 여지없이 세계적으로 가장 중요한 공용어였다. 17세기부터 영국은 세계 최대의 강국이 되었고, 20세기 초에는 전 세계 인구의 4분의 1, 전 세계 영토의 4분의 1을 차지해 '해가 지지 않는 나라'라고 불리기도 했다. 이어서 제2차 세계 대전 이후에는 미국이 세계의 패자로서 정치, 경제, 공업, 군사를 이끌면서, 영어와 그 문자는 자연스럽게 전 세계의 공용어가 되었다. 세계화라는 환경 아래 모두가 영어 교육의 중요성을 인식하고 있다. 인도와 싱가포르의 경우 국민 중 다수가 유창하게 영어를 구사하는 덕에 세계화의 추세 속에서 적잖은 이익을 얻는다고 자주 거론된다. 세계 각국에서 영어 교육에 상당한 노력을 기울인다. 영어가 이미 세계에서 통용되는 소통의 도구이며 이 도구를 장악해야 세계에서 통할 수 있음을 모두 잘 알기 때문이다.

말과 글은 쉽지 않다

그렇다면 표준 영어, 표준 중국어, 표준 일본어는 과연 존재하는가? 이는 매우 흥미로운 문제다. 언어와 문자에는 엄격한 규범이 있고, 융통성 있게 변화하는 측면도 있다. 누구나 알다시피, 언어의 문법과 발음에는 무엇이 맞고 무엇이 틀리다는 엄격하고 분명한 규칙이 있으며, 우리는 그 덕분에 표현과 소통에서 모호한 부분을 줄일 수 있다.

예를 들어 '火'(화)는 중국 고대 전설 속의 수인씨가 "나무를 부딪쳐 불을 얻었다"鑽木取火라고 하는 문장에서 보듯 불을 뜻하는 글자다. 이 '火'(화) 자가 두 개면 '타는 듯이 뜨겁다'는 뜻의 '炎'(염) 자가 된다. '火'가 세 개면? 위에는 '火' 자 하나를 쓰고 아래는 두 개의 '火' 자를 나란히 둔다. 이 글자는 '焱'(염)이며 '불꽃'이라는 뜻이다. 네 개의 '火' 자를 사각형으로 배열하면 '燚'(일) 자가 된다. 중국어로 '他來看我'라고 하는 글을 'He comes to see me.'로 옮기면 '그 남자가 나를 보러 온다.'가 된다. 'She came to see me.'로 옮기면 '그 여자가 나를 보러 왔다.'라는 과거형의 문장이 된다. 어떤 언어든 정확한 문법에 따라 쓰면 그 뜻이 분명해지지만, 그렇지 않으면 완전히 뒤죽박죽 엉기고 만다.

사람들은 중국어의 문법이 무척 단순해서 거의 규칙이 없다고 말한다. 영어의 문법도 그다지 복잡하지는 않다. 프랑스어와 일본어의 문법은 상대적으로 규칙이 훨씬 많다. 그러나 중국어에는 문법에 규칙이 거의 없기 때문에, 외국인이 중국어를 배울 때는 오히려 매우 어려움을 겪는다. 맞게 말하고 있는지 아닌지 분명하게 알기가 어려운 까닭이다.

발음도 무척 중요하다. 발음이 정확하지 않으면 듣는 사람은 무슨 말인지 전혀 알아들을 수 없다. 특히 오늘날에는 전 세계에서 많은 사람이 영어를 사용하는데, 지역마다 그 지역 언어의 영향을 받아 발음이 다르기 때문에, 표준 영어 발음을 구사할 수 있다면 더 많은 사람들이 알아들을 가능성이 있다. 또한 글자와 단어의 뜻에서도 정확한 표준이 필요하다. 'love' 는 '사랑하다'라는 뜻이고 'like'는 '좋아하다'라는 뜻이며 'hope'는 '바라다'라는 뜻이다. 'expect'는 '기대하다', 'answer' 는 '대답하다', 'respond'는 '호응하다', 'discuss'는 '토론하다', 'debate'는 '논의하다', 'argue'는 '논쟁하다'라는 뜻이다. 사전 은 글자와 단어의 정확한 뜻이 실린 자료이므로, 어떤 언어를 배우든 사전을 사용하는 버릇을 들이는 것이 좋다. 이 또한 표준화의 원칙에 따른 것이다. 어떤 언어이든 문법과 발음, 글자와 단어의 뜻은 언제나 규범이 명확하다. '글자가 있으면 글자를 읽고 글자가 없으면 앞뒤를 읽는다.'는 방식은 '사해의 표준으로 삼기'에 적합하지 않다.

중국어의 또 다른 어려움은 오랜 시간에 걸친 글자와 발음의 변화다. 이러한 변화 끝에 글자의 형태와 소리 사이의 관련이 희미해졌다. '滴'(물방울 적)과 '摘'(딸 적), '復'(회복할 복)과 '愎'(괴팍할 퍅), '官'(벼슬 관)과 '管'(대롱 관)을 보자. 이런 글자들을 읽는 법을 모른다면 함부로 발음하지 말고 자전을 뒤져야 한다. 다른 언어는 대부분 글자대로 발음하는 편이다. 하지만 영어에서도 하나의 알파벳 자모가 서로 다르게 읽힐 때가 있다. 'all'의 'a'는 단음으로 읽히지만, 'age'의 'a'는 장음으로 읽힌다. 또 영어 단어 가운데에는 발음되지 않는 자모가 자주 나타난다. 예를 들어 'psychology'의 'p'는 발음하지 않는다. 러시아어나 독일어에서는 모든 자모의 음절을 발음한다.

프랑스어는 프랑스어대로 골치가 아프다. 어떤 글자는 뒷부분을 발음하지 않는다. 나는 오랫동안 미국 일리노이 주에 살았는데, 이 주의 이름은 프랑스어의 'Illinois'에서 왔기 때문에 단어의 마지막 's'를 발음하지 않는다. 프랑스어에는 또한 연음liaison 현상이 있어서 두 단어를 이어서 읽을 때는 대부분 첫번째 단어의 마지막 자모와 두 번째 단어의 첫 번째 자모를 함께 발음한다. 예를 들어 'vous avez'는 연음 법칙의 적용을 받아 '부자베'로 읽힌다.

글자를 정확하게 쓰는 것 또한 중요하다. 지금은 컴퓨터가 있어 영문을 어떻게 쓰고 한자를 어떻게 쓰는지에 모두들 점점 더 관심을 두지 않는다. 어쨌거나 컴퓨터가 오류를 고쳐 주기 때문이다. 다만 특히 한자에는 동음자가 무척 많아 글자를 잘못 쓰기 쉽다.

중국어에서 글자를 잘못 쓰는 것과 관련한 두 가지 우스개가 있다. 타지에서 유학하던 어떤 학생이 아버지에게 이런 편지를 썼다. "아버지 여기는 비가 자주 와요. 친구들은 다 '목숨'이 있는데, 저는 '목숨'이 없네요. 돈 좀 부쳐 주세요. 저도 '목숨' 좀 사게요." 그는 '傘'(우산)을 '命'(목숨)으로 잘못 썼던 것이다. 또 다른 학생은 일기에 이렇게 썼다. "할아버지가 '거세'去勢(생식기를 잃음)하셔서 모두가 슬퍼했다." 그는 '거세'去世(세상을 뜨다)라고 쓸 생각이었지만 잘못 썼던 것이다. 물론 둘 다 슬픈 일이기는 하다.

끊임없이 성장하며 시대에 발맞추다

언어와 문자는 살아 있는 것이고 다른 언어와 문자의 영향, 지방어의 영향을 받아 시간에 따라 변한다. 그래서 순수한 영어, 순수한 일본어, 순수한 중국어는 정의하기 무척 어렵다. 이는 앞서 강조했던 서로 다른 규격의 과학기술 제품의 호환

성과 비슷하다. 특히 "바다는 모든 강을 아울러 크고 넓어진다."라는 말은 한 언어가 다른 언어의 일부를 받아들여 점차 내부 변화를 일으킬 수 있다는 사실을 해명하기에 적합하다.

모두가 알고 있듯이 영어에는 영국식과 미국식이 있다. 과거 200~300년 동안 영국식 영어는 북아메리카에서 미국식 영어로 바뀌었으며, 양자는 발음이 약간 다르지만 익숙해지면 그다지 구분하기 어렵지 않다. 예를 들어 'schedule'의 영국식 발음과 미국식 발음은 다르다. 미국식 영어에서 쓰는 'color'의 영국식 철자는 'colour'다. 사실 영어에는 라틴어와 프랑스어, 심지어는 중국어에서 온 말이 공존한다. 'lingua franca'는 이탈리아어에서 온 말로 '공통의 언어'라는 뜻이다. 'quid pro quo'는 라틴어에서 온 말로 '등가 교환'을 의미한다. 이따금 초대장에 적히는 'RSVP'는 프랑스어로 '당신의 회신을 바랍니다'라는 뜻이다. 'coolie'는 중국어의 '苦力'(쿠리)에서 왔는데, 중국어의 '쿠리'는 사실 힌디어에서 온 것이다.

새로운 글자의 창조는 어떨까? 한 가지 사례로 '구글'이라는 단어를 꼽을 수 있다. '구글'은 1998년 미국에서 설립된 회사로 가장 중요한 제품은 온라인 검색 엔진이며 이 제품의 이름 또한 '구글'이다. 이 단어는 오늘날 사전에도 올라 있다. '온라인에서 검색 엔진을 통해 자료를 찾다'라는 뜻으로 이미 정식으로 우리 생활에서 통용되는 동사다. 사람들은 이렇게 말하기도 한다. "거기 본사 건물은 어디에 있는지 '구글' 해 봐!"

일본어에도 프랑스어나 영어에서 온 수많은 외래어가 있다. '우유'를 가리키는 'ミルク'는 영어의 'milk'에서 왔다. '콘크리트'를 가리키는 'コンクリート'는 영어의 'concrete'에서 온 것이다. '공동 주택'을 뜻하는 'アパート'는 영어의 'apartment'에서 온 것이다. '봉급생활자'를 가리키는 'サラリーマン'은 영어의 'salary man'에서 왔다. 프랑스인은 정통 프랑스어를 매우 중시하는데, 사실 17세기 전후 프랑스어는 매우 중요한 세계어로서 외교 공식어로 사용되기도 했다. 당시 프랑스 전국 최고의 학술 기구였던 아카데미 프랑세즈의 중요한 임무 가운데 하나는 국가 공인 기구로서 정통 프랑스어의 문법과 글자, 어휘를 정비하는 것이었다. 이 기구에서는 프랑스어가 영어의 영향을 받는 문제, 특히 고급 과학기술 관련 어휘의 문제에 주의를 기울였다. 예를 들어 그들은 '컴퓨터'를 'ordinateur'라고 적었고, '소프트웨어'를 'logiciel'라고 했다. 그러나 맥도날드 햄버거 앞에서는 그들도 항복하고 '햄버거'를 'hamburger'의 프랑스식 표기인 'umbersha'라고 적었다.

중국어는 어떤가? 대형 승합차를 가리키는 '巴士'는 영어의 'bus'에서 유래한다. 영업용 자동차인 '的士' 또한 영어의

'taxi'에서 온 것이다. 연필 열두 자루를 묶어 말하는 한 타打는 영어의 'dozen'에서 왔다. '粉絲'는 영어의 'fans'에서 온 것이다. 자동차 운전기사를 가리키는 '運將', 도시락을 뜻하는 '便當', 일등을 말하는 '第一名'은 모두 일본어에서 왔다. '결제하다'라는 의미의 '埋單'과 '일을 잘 처리하다'라는 뜻의 '搞掂'은 광둥어에서 왔다. 이런 말은 대부분 입말에서 점점 글말로 변화한 것이다.

중국어의 번체자와 간체자의 차이는 하나의 서체가 달라진 사례라 할 수 있다. 이러한 사례는 다른 언어에서 찾아보기 힘들다. 몇천 년 동안 중국에서는 하나의 글자를 전서, 예서, 행서, 초서 등 서로 다른 방식으로 써 왔다. 아마도 쓰는 법이 점차 예술화했기 때문이기도 하고, 갈수록 필획을 줄여 단순화했기 때문이기도 할 것이다. 특히 행서와 초서는 좀 더 빠르게 쓰기 위해 필획을 줄여 단순화시켰다. 전서, 예서, 행서, 초서, 번체자(정체자라고 부르기도 한다) 및 간체자는 중국 문자의 서로 다른 쓰기 규격이라 할 수 있다. 오랫동안 번체자는 표준 규격으로 공인되어 왔다. 만약 우리가 이 규격을 바꾸려고 한다면, 학자와 전문가의 토론을 거치거나 시간을 두어 언중言衆의 선택에 따라야 할 것이다. 문자와 언어는 이렇게 변화한다. 2007년 11월 초 타이완과 중국, 일본, 한국의 학자들이 참석한 국제한자회의에서는 5,000~6,000가지에 이르는 표준 한자의 통일안을 제정했다. 보도에 따르면, 통일안은 번체자를 중심으로 이미 존재하는 간체자를 수용하는 형태다. 표준화의 과정은 이처럼 어렵고 고달프지만, 우리가 반드시 가야 하는 길이다.

오늘날에는 서로서로 다른 언어의 단어를 번역하는 일이 잦다. 그래서 '같은 글자로 쓰기' 외에도 중요한 원칙이 '같은 글자로 옮기기'다. 중국어에서는 하나의 영어 단어가 종종 다른 글자로 옮겨지는데 이는 표준화가 철저하게 이루어지지 않았기 때문이다 'internet'이라는 단어는 '網際網路'로 번역되기도 하고 '成互聯網'으로 번역되기도 하며, 아예 음역으로 '因特網'으로 표기하기도 한다. 'laser'는 소리 나는 대로 '雷射'로 옮기거나 뜻에 따라 '激光'이 되기도 한다. 타이완 출신 미국 프로 야구 선수 왕치엔밍이 가장 잘 던지는 구종인 'sinker'는 음역하면 '伸卡球'이고 뜻에 따라 옮기면 '下降球'가 된다. 1미터의 10억 분의 1인 'nanometer'를 어떤 사람은 '納米'라 옮기고 어떤 사람은 '奈米'라고 옮긴다. 모두 음역이다. 'meter'는 '米'로 옮기는데, 오랫동안 이렇게 사용되었기에 모두 이 번역을 받아들이고 있다.

중국 문학사에 가장 큰 영향을 미친 번역의 대가 옌푸嚴復는 이런 말을 했다. "번역에는 신信, 달達, 아雅라는 세 가지 어려움이 있다." 이는 번역 작업에 포함되는 서로 다른 세 가지 차원의 어려움을 설명한 말이다. '신'은 원저에 충실해야 한다는 뜻이고, '달'은 뜻이 잘 전달되어야 한다는 뜻이며, '아'는 문장의 표현이 우아해야 한다는 뜻이다. 옌푸는 문학의 관점에서 이렇게 요구한 것이다.

그렇다면 '같은 글자로 옮기기'는 과학기술의 관점에서 필요한 최소한의 요구다!

프랑스 대혁명

디킨스는 『두 도시 이야기』에서 훗날 매우 널리 유행한, 이런 문장을 썼다. "그것은 최고의 시대이자 최악의 시대였다." 도대체 그건 어떤 시대였을까?

::

1643년부터 1791년까지 150년간 프랑스에는 루이 14세와
루이 15세와 루이 16세라는 세 사람의 왕이 있었으며 이어서
등장한 사람이 바로 나폴레옹이다. 나폴레옹은 1804년에서
1815년까지 10년 동안 프랑스 제국의 황제였다.

루이 14세는 다섯 살이 채 되지 않아서 왕위에 올랐고 77세
에 세상을 떠났으니 72년 동안 재위한 셈이다. 그의 통치 아래
프랑스는 군사, 정치 및 문화의 각 분야에서 큰 성과를 거두었
다. 정치적으로 루이 14세는 중앙집권 체제를 성공적으로 정
비했다. 그는 이런 말을 한 적이 있다. "짐이 곧 국가다." 중국
의 강희제는 좀 더 겸손하게 이렇게 말했다. "만백성의 편안
이 곧 짐의 편안이요, 천하의 복이 곧 짐의 복이다." 그 뜻은
'백성이 안락하게 지낸다면 나도 안락하고, 천하가 복되면 나
도 복되다.'라는 말이다.

루이 14세는 재임 기간 동안 세 차례나 큰 전쟁을 치렀고 프
랑스의 식민지를 멀리 아메리카와 아시아, 아프리카까지 확
장했다. 예를 들어 미국의 루이지애나라는 지명은 프랑스어에
서 유래한 것으로 루이 14세에 대한 존경을 나타낸다. 그 밖에

내전도 두 차례 있었는데, 군주의 절대권에 대한 저항과 대외 전쟁 비용을 위한 세금 문제가 원인이었다. 경제적인 측면에서 루이 14세는 뛰어난 재무 장관을 기용해 효율적인 세금 법령을 제정하였고 관세, 염세, 지세 등을 징수하였으며 상업과 무역을 통해 국고 수입을 증대시켰다. 건축 분야에서도 루이 14세의 업적은 크다. 파리 부근의 베르사유 궁전도 그가 재위 동안 세운 것이고, 에펠탑 근처의 앵발리드 또한 그가 건축한 것이다. 파리에 가 본 적이 있는 사람들은 앵발리드의 금빛 돔을 기억할 것이다. 나폴레옹의 무덤도 그곳에 있다. 루이 14세는 루브르 궁전도 개축했다. 어떤 역사학자들은 루이 14세가 통치했던 72년을 '위대한 세기'라 부르기도 한다. 그러나 그는 호화롭고 사치한 생활로 결국 국고를 비웠으며, 세금과 관련한 문제도 이와 더불어 큰 사회 불안 요소로 작용했다. 루이 14세의 서거 이후 왕위를 계승한 것은 그의 증손자 루이 15세다.

파란 많은 궁정 생활은 어디나 마찬가지

루이 14세의 이야기를 들으면 청 왕실의 강희제가 떠오른다. 강희제는 여덟 살에 제위에 올라 61년 동안 재위했다. 집정 이후 오삼계 등 삼번三藩의 세력을 평정하고 시랑施琅을 보내 타이완을 공략했으며 동북 헤이룽 강에서 러시아인을 쫓아냈다. 정치적으로는 지방 관직을 정비하고 과거와 감찰 제도를 집행했으며, 경제적으로는 개발 지역의 세금을 한시적으로 면제했다. 학술 면에서는 『강희자전』, 『강희영년역법』이 모두 그의 후원과 감독 아래 편찬되었다. 그래서 강희제의 재위 기간은 신하들에게 '강희성세'康熙盛世라 불렸다. 그러나 통치 말기에 이르러서는 지방 통치가 부패하고 세수가 균일하지 않았으며 탐관오리가 득세하고 국고가 텅 비었다. 강희제는 넷째 왕자에게 제위를 전했는데, 이 사람이 옹정제다. 옹정제가 제위를 이어받은 과정만 이야기해도 사흘 밤낮이 모자랄 것이다. 옹정제가 궁금하면 미야자키 이치사다 선생이 쓴 『옹정제』를 읽어 보기 바란다.

다시 프랑스 역사로 돌아가 보자. 루이 14세가 서거했을 때 적장자와 손자는 이미 세상을 떠났기 때문에 증손자인 루이 15세가 왕위를 계승했다. 루이 15세는 왕위에 오를 때 겨우 네 살이어서 누가 국정을 처리하는 대권을 장악하느냐가 큰 문제였다. 전통에 따르면, (왕의 후견인은) 루이 14세의 조카이자 루이 15세의 작은할아버지뻘인 인물이어야 했다. 그러나 루이 14세는 죽기 전에 자신의 두 사생아를 합법적인 아들로 인정했고, 이에 따라 그들은 법률에 의거해 이후 루이 15세를 계승할 수 있게 되었다. 궁정에서 계승 문제는 권력 투쟁을 일으키는 법이다. 동서고금을 막론하고 그러지 않은 적이 없으며 루이 15세의 시대에도 마찬가지였다. 용렬하고 무능하다고 여겨진 루이 15세는 루이 14세가 남긴 경제 문제들을 개선할 수 없었다. 그러나 청 왕조의 옹정제는 엄중한 개혁을 단행해 강희제가 남긴 수많은 문제를 잘 처리했다.

루이 15세는 무능 외에도 사생활 문제로 많은 비판을 받았다. 왕위에 올랐을 때 그는 '가장 사랑스러운 왕'이라 불렸지만, 말년에는 '가장 미움받는 왕'으로 일컬어졌다. 루이 15세의 재위 기간에 만연했던 문제는 그대로 계승자인 루이 16세를 곤경에 빠뜨렸으며 프랑스 대혁명을 일으키는 도화선이 되었다. 덧붙이자면, 파리의 유명한 콩코드 광장은 원래 루이 15세 광장으로 불렸다. 이 광장은 루이 15세가 정부였던 마담 드 퐁파두르의 요청에 따라 만든 것이다.

루이 15세가 서거한 뒤 그의 손자인 루이 16세가 즉위했다. 그는 허영심이 많고 평범했으며 무능했다. 루이 16세는 당시 프랑스의 너무도 열악한 경제 환경을 개선할 능력이 없었고 결국 '프랑스 대혁명'을 야기했다. 공정하게 이야기하자면,

프랑스의 열악한 경제 상황과 세금 문제는 루이 14세 시대에 이미 나타난 것이었다. 일반적으로 프랑스 대혁명에는 세 가지 결정적 원인이 있다고 말한다. 첫째는 국가가 엄청난 부채에 시달리고 있는데 세제 개혁이 실패로 돌아가 일반인은 빵조차 먹을 수 없었던 점, 둘째는 오랫동안 지속된 계급 제도의 불평등 문제, 셋째는 루이 16세와 그의 아내 마리 앙투아네트의 호화롭고 사치한 생활이 민중의 반감을 불러일으켰다는 것이다.

여기서 프랑스 대혁명의 역사를 상세히 서술하거나 분석할 수는 없다. 그저 몇 가지 중요한 문제만을 이야기해 보겠다. 이 모든 역사에서 가장 중요한 시점은 1789년, 그러니까 루이 16세가 왕위에 오른 뒤 15년이 되었을 때다. 당시 그는 계급 불평등 문제에 직면해 어쩔 수 없이 '삼부회'를 소집했다.

프랑스에서는 몇백 년 동안 군주제 아래서 교회와 귀족과 평민이라는 세 신분을 대표하는 사람들이 모여 중요 의제를 토론하는 삼부회를 유지해 왔다. 그러나 이 대의제는 조직 구성의 측면에서 불평등했다. 첫 번째 계급인 교회는 겨우 10만 명을 대표했고, 두 번째 계급인 귀족은 40만 명을 대표했는데, 세 번째 계급인 평민은 중산층과 서민을 포함해 2,500만 명을 대표했다. 그럼에도 회의에서는 각 계급을 대표하는 인원수가 같았기 때문에 교회와 귀족이 연합하면 압도적인 표차로 평민의 의견을 누를 수 있었다. 게다가 1614년부터, 삼부회는 아예 열린 적이 없었다. 1789년의 삼부회에서 세 번째 계급에 속하는 평민들은 국민 모두가 균형에 맞게 구성된 국민의회를 제안했고, 수없이 많은 투쟁을 거치고 나서, 루이 16세는 결국 국민의회의 성립을 입법화했으며, 교회와 귀족도 특권을 포기하는 데 동의했다.

　루이 16세는 국민의회의 성립을 수용했지만 프랑스 전국은 이미 혼란의 소용돌이에 빠져 있었다. 역사학자들은 프랑스 대혁명을 세 시기로 나눈다. 첫 번째 시기는 1789년에서 1792년까지로 국민의회가 성립된 초기 3년이다. 이 시기에 정부는 국민의회를 통해 수많은 문제를 해결할 수 있었다. 두 번째 시기인 1792년을 기점으로 급진파가 중산층과 온건파를 대신해 혁명을 이끌자, 프랑스 곳곳에서는 폭동이 일어났고 루이 16세와 마리 앙투아네트는 단두대의 이슬로 사라졌다. 그리고 세 번째 시기인 1794년에 이르러 중산층의 지도자들이 급진파를 몰아내고 정치권력을 회복한 뒤 1797년에 나폴레옹을 정부의 통령으로 천거함으로써 프랑스 대혁명은 막을 내렸다.

여왕과 음악 신동

이제 엄숙하고 고리타분한 역사에서 물러나 다소 흥미로운 일화들을 다뤄 보기로 하자. 루이 16세의 왕비 마리 앙투아네트는 오스트리아의 공주로, 야사에 따르면 그녀는 어렸을 적에 모차르트와 알고 지냈다. 한번은 모차르트가 오스트리아의 궁정에서 연주를 하고 나서 여왕이 그에게 어떤 상을 원하느냐고 물었다. 모차르트는 여왕에게 마리와 결혼하고 싶다고 말했지만 여왕은 이렇다 저렇다 말이 없었다. 그녀는 일찍부터 더 높은 목표를 마음에 두고 있었기 때문이다. 이 이야기를 들으면 한나라 무제의 어린 시절이 떠오른다. 그의 고모가 누구를 아내로 맞고 싶으냐고 묻자, 무제는 이렇게 말했다. "고모의 딸인 아교요. 만약 아교를 아내로 맞을 수 있다면, 금으로 집을 지어 맞이하겠어요." 마리는 열네 살 때 루이 16세에게 시집을 갔다. 그때 루이 16세는 열다섯 살이었다. 오스트리아 사람인 마리는 국적을 포기하고, 의복과 장신구, 친구, 시녀까지도 오스트리아에 남겨 두어야 했다. 오스트리아에서 프랑스로 갈 때, 그녀는 오스트리아 대표단 앞에서 모든 옷을 남김없이 벗고 프랑스 복식으로 바꾸어 단장했다. 결국 이 열

네 살의 어린 소녀는 울음을 터뜨리고 말았다. 역사 속에서 마리 앙투아네트는 무척 사치스럽고 낭비를 좋아하는 왕비로 묘사된다. 그녀는 의복과 장신구, 도박 등에 많은 돈을 썼다. 한번은 그녀가 평민은 먹을 빵조차 없다는 말을 듣고 이렇게 되물었다고 한다. "그들은 왜 케이크를 먹지 않는 거죠?" 이 이야기는 중국의 진나라 혜제를 떠올리게 한다. 관리들이 혜제에게 백성이 가뭄에 먹을 밥이 없어 죽어 가고 있다고 보고하자 그는 이렇게 반문했다. "어째서 고기를 먹지 않는 거지?"

1793년 1월, 국민의회는 361표 대 360표로 루이 16세의 국가반역죄를 의결해 그를 단두대로 보냈다. 같은 해 10월, 마리 또한 단두대로 보내졌다. 단두대 위에서 그녀가 남긴 마지막 말은 다음과 같았다. "용서하세요. 제가 고의로 그런 것은 아니랍니다." 실수로 사형 집행관의 발을 밟고 나서 한 사과의 말이었다. 또 다른 사소한 이야기가 있다. 1791년에 루이 16세와 마리는 상황이 불리해지는 것을 보고 몰래 파리를 빠져나가려고 했는데, 길에서 물건을 사다 가게 점원이 그들의 얼굴이 화폐에 그려진 얼굴과 똑같은 사람임을 깨닫고 고발하는 바람에 체포되었다는 이야기다.

모두가 아는 것처럼 프랑스 대혁명의 정신 이념은 '자유, 평등, 박애'다. 이 이념은 매우 광범위하게 퍼져 나가 전 세계의 보편적인 가치관이 되었다.

프랑스 대혁명에 대해 말하자면 꼭 이야기해야 하는 것이 있다. 루이 16세는 1774년에 즉위했다. 1776년에 미국의 프랭클린은 프랑스로 건너가 미국의 독립을 지지해 달라고 요청했고 루이 16세는 이를 수락했다. 그러나 결국 프랑스는 아무런 이익도 얻지 못하고 국고의 부담만 지게 됐다. 프랑스 대혁명을 이야기하면 많은 이가 아마 이 사건을 시대 배경으로 삼는 찰스 디킨스의 명저 『두 도시 이야기』를 떠올릴 것이다. 여기서 두 도시는 파리와 런던이고, 이야기 속의 두 남자 주인공은 동시에 한 여성을 사랑한다. 물론 한 사람은 성공하고 한 사람은 실패한다. 이야기의 끝에서 사랑에 실패한 남자 주인공은 성공한 남자 주인공을 대신해 단두대로 향한다.

마지막으로 『두 도시 이야기』의 첫 머리에 등장해 인구에 회자되어 매우 널리 알려진 문장을 여기 남긴다. "그것은 최고의 시대이자 최악의 시대였다."

나폴레옹과 워털루

"과거에서 현재를 보고, 역사에서 미래를 본다."

200여 년 전, 프랑스는 절대 군주제에서 민주 공화제로 변모했다.

그 과정은 오늘날에도 발견되는 수많은 사례와 서로 닮았지 않은가?

::

　1643년부터 1791년까지 150년 동안, 프랑스는 루이 14세와 루이 15세, 루이 16세라는 세 왕을 거쳤다. 루이 16세의 재위 말기에 프랑스 대혁명이 발발해 1792년 프랑스는 군주제의 철폐를 선포하고 공화국을 수립했으며 제헌국민의회에서 수립한 대의 제도를 정비했다.

　7년 후인 1799년, 나폴레옹은 포병 소위에서 집정 정부의 제1집정관이 되어 실질적으로 국정을 독점했고 5년 뒤인 1804년에는 프랑스의 황제로 즉위했다. 이 12~13년 동안 프랑스 정치 조직은 끊임없이 변화했다. 프랑스에는 원래 교회, 귀족, 평민이라는 세 계급 대표로 구성된 삼부회가 있었다. 1614년부터 삼부회는 175년 동안 열리지 않았다. 1789년에 루이 16세가 재정난을 타개하기 위해 마지못해 개최한 뒤, 이 신분제 의회는 전국적인 성격의 대의제로 발전했으며 그 뒤로도 계속 변화를 겪었다. 전국적인 성격의 삼부회에서 국민의회로, 다시 입법의회, 국민공회로 바뀌었으며, 총재 정부를 거쳐 결국 집정 정부에 이르렀다. 이처럼 서로 다른 정부 형태는 권력의 힘겨루기와 분배의 문제를 보여 주며, 동시에 경제와 군사 세력의 영향과 뛰어난 지모와 책략, 웅대한 야심이 더해진 합작품이기도 하다. 이런 말이 있다. "과거에서 현재를 보고, 역사에서 미래를 본다." 200년 전 프랑스가 절대 군주제에서 민주 공화제로 변화한 과정을 보면, 오늘날에도 발견되는 수많은 사례와 서로 닮았지 않은가?

전쟁으로 집안을 일으키다

정치 배경을 분명히 설명했으니, 이제 나폴레옹의 이야기와 당시 프랑스 및 유럽 각국에서 일어났던 크고 작은 전쟁을 살펴보자. 나폴레옹은 전쟁을 통해 황제의 보좌에 앉았다고 할 만한 인물이기 때문이다.

나폴레옹은 16세 때 파리의 왕립 육군사관학교를 졸업하고 포병 소위가 되었다. 그는 내란을 평정하고 대외 전쟁을 수행하는 동안 뛰어난 행보를 보이며 자신의 군사적 자질을 최대한 발휘했다. 나폴레옹은 걸출한 지도력과 풍부한 군사 지식을 지녔으며 정보를 운용하는 데 뛰어났을 뿐 아니라 포병 전략의 전문가였다. 당시 대포는 전쟁에서 가장 중요한 무기였다. 군사적인 성공으로 그의 정치 영향력은 갈수록 대단해졌고 총재 정부의 총재들은 점점 더 그를 신임하게 되었다. 특히 총재 정부의 수장이었던 바라스가 나폴레옹을 중용했는데, 묘하게도 나폴레옹의 아내였던 조세핀은 바라스의 애인이었다. 나폴레옹이 서른 되던 해 총재 정부의 한 인물이 나폴레옹을 찾아와 쿠데타 지지 의사를 밝히며 총재 정부를 뒤집고 집정단을 구성하라고 부추겼다. 나폴레옹은 나중에 정말 집정 정부의 제1집정이 되었으며 프랑스의 대권을 손에 넣었다. 1년 뒤에는 헌법 개정을 거쳐 종신 제1집정의 자리에 올랐다. 나폴레옹은 제1집정이 된 뒤, 곧 정치, 경제, 종교, 교육 등의 제도를 개혁하고 정치적 지위를 공고히 했다. 특히 그는 유명한 『나폴레옹 법전』을 제정해 자본주의 경제 제도를 공인하고 사유 재산이 침범당하지 않도록 보장했다. 또한 소작농의 토지 소유를 안정시켰으며 시민의 평등과 계약의 자유 원칙을 규정하는 등 이후 자본주의 국가의 입법에 지대한 영향을 주었다.

　프랑스 대혁명이 일어나자 영국, 오스트리아, 러시아, 독일(당시에는 프로이센), 스페인 등 당시 유럽의 강대국들은 프랑스에 대항하는 군사 동맹을 결성하고 전후로 일곱 차례나 프랑스와 전쟁을 벌였다. 역사적으로 제1차, 제2차로 시작돼 제7차까지 이어진 '대對프랑스 동맹 전쟁'이라 불리는 사건이다. 제1차, 제2차 대프랑스 동맹 전쟁은 프랑스 대혁명 기간에 일어났다. 몇몇 유럽 국가에서는 프랑스 국내의 혼란이 외부로 향하지 않도록 프랑스 침공을 주도했다. 제3차부터 제7차까지의 대프랑스 동맹 전쟁은 모두 나폴레옹 황제의 재위기간에 이루어졌다.

1804년, 나폴레옹은 스스로 황제가 되어 '프랑스 공화국 제1집정관'의 직함을 벗고 '프랑스 제국 황제 나폴레옹 1세'가 되었다. 프랑스가 부르주아 공화국에서 부르주아 제국으로 변모한 것이다. 제3차, 제4차, 제5차 대프랑스 동맹 전쟁은 모두 프랑스의 승리로 돌아갔다. 1812년 대프랑스 군사 동맹은 나폴레옹을 러시아 영토 깊숙이 끌어들였고 군대와 군마가 모두 지쳐 무수한 사망자를 내고 유럽으로 퇴각했다. 이로써 제6차 대프랑스 동맹 전쟁은 동맹군이 승리했으며, 이들은 1814년 파리로 진격해 프랑스에 무조건 항복을 요구했다. 나폴레옹은 퇴위하고 이탈리아 근처 지중해에 있는 엘바섬에 유배되었으며 그 뒤를 이어 루이 18세가 즉위했다(루이 16세가 단두대로 보내진 뒤, 여덟 살이었던 그의 아들이 루이 17세로 즉위했지만, 겨우 2년 만에 폐병으로 죽었다).

나폴레옹이 엘바 섬에 유배된 지 10개월이 채 지나기도 전에 루이 18세의 무능하고 오만한 통치는 프랑스 국민의 원성을 불러일으켰고, 1815년 2월에 몰래 프랑스로 돌아온 그는 빠른 시간에 군대의 지지를 회복했다. 나폴레옹은 1개월 만에 14만 대군을 이끌고 파리에 입성해 다시 제위에 올랐고 루이 18세는 달아났다. 이때 나폴레옹은 100일 천하의 황제가 되었으며 제7차 대프랑스 동맹 전쟁 중 워털루 전투에서 대패했다. 이후 그는 세인트헬레나 섬에 유배되어 6년 뒤 사망했다.

나폴레옹은 수많은 명언을 남겼다. "내 사전에 불가능이란 없다.", "굳은 결심은 가장 유용한 지식이다.", "승리는 가장 끈기 있는 사람에게 돌아간다."

정세 오판이 패인

나폴레옹은 엘바 섬에서 파리로 돌아와 다시 제위에 올랐으며 유럽 열강 역시 다시 연합해 나폴레옹을 대적했다. 이것이 제7차 대프랑스 동맹 전쟁이다. 1815년 3월에 나폴레옹은 다시 제위에 올랐다. 각국의 대군이 집결하고 있을 때, 먼저 손을 쓰는 편이 유리하다고 판단한 그는 최상의 수비는 공격이라는 입장을 취했다. 그래서 일단 10만 대군을 이끌고 영국의 웰링턴 공작이 이끄는 7만 대군과 독일의 블뤼허 원수가 이끄는 9만 대군을 섬멸하고자 했다. 웰링턴의 본진은 벨기에의 작은 도시 워털루에 있었고, 나폴레옹의 군대는 그 남쪽에 주둔했으며, 블뤼허의 군대는 워털루 동쪽에 있었다. 나폴레옹에게 가장 중요한 전략은 영국군과 독일군을 각개 격파하면서 연합 작전을 쓰지 못하도록 하는 것이었다. 그것이 이 전투의 관건이었다.

나폴레옹의 수하에는 두 사람의 대장이 있었는데, 한 사람은 용맹하지만 머리를 쓰지 않는 '바보 대장'이었고, 다른 사람은 이미 나이가 들어 쇠약한 '늙은 대장'이었다. 바보 대장의 임무는 북쪽에서 영국군을 공격하는 것이었고, 늙은 대장의 임무는 동쪽에서 독일군을 공격하는 것이었다. 나폴레옹은 먼저 바보 대장을 영국군과 독일군이 회합할 교차 지역으로 보내 영국군을 견제하는 한편 자신이 직접 독일군에 맹공을 퍼부어 그들을 패퇴시켰다. 이때 나폴레옹은 독일군을 완전히 궤멸시키기 위해 바보 대장에게 영국군과 교전 중인 병력의 일부를 지원군으로 보내라고 명령했다. 그러나 명령 전달 과정에서 오류가 있었기 때문에, 바보 대장은 이 지원 임무를 수행하지 않았다. 수행했다면 독일군은 완전히 궤멸했을 것이다. 그래도 독일군의 패배는 분명했다. 원수인 블뤼허가 전사해 수하의 참모장들이 주검을 수습하고 퇴각을 명했다는 헛소문이 돌 정도였다.

사실 블뤼허는 전사하지 않았고 말에서 떨어졌는데 부하들이 군복으로 그의 몸을 덮어 프랑스 병사의 눈을 피했다고 한다. 참모장들이 퇴각 명령을 내렸다는 소식을 들은 그는 곧바로 명령을 번복하고 남은 주력군을 영국군이 있는 워털루로 전진시켰으며 패잔병 일부를 반대 방향으로 보내 퇴각하는 것처럼 보이게 눈속임했다. 나폴레옹이 늙은 대장에게 승리를 틈타 독일군을 뒤쫓으라고 명령했을 때 늙은 대장은 이 연막전술에 완전히 속아 반대 방향의 패잔병을 힘껏 쫓았다. 웰링턴은 독일군이 패전했다는 소식에 긴장해 본진 쪽으로 후퇴를 명령했지만 바보 대장은 승세를 몰아 추격하지 않고 놔두었다. 게다가 폭우가 쏟아지는 바람에 군대의 전진이 용이하지 않았으므로 웰링턴은 군세를 정비할 시간을 벌었다.

나폴레옹은 독일 패잔병들을 뒤쫓고 있는 늙은 대장에게도 지원군을 보내라고 명령했지만 늙은 대장은 늑장을 부리며 꼼짝하지 않았다. 1815년 6월 18일, 워털루 전투가 시작되었다. 아침 9시에 나폴레옹은 아침을 먹고 영국군이 주둔한 산등성이를 향해 공세를 펼쳤다. 이때 수하의 어떤 대장이 말했다. "이틀 동안 큰비가 왔기 때문에 길에 진흙 웅덩이가 많고 말들이 대포를 끌기 힘들어 대포의 포진이 어렵습니다. 공격 시간을 한 시간 늦추십시오." 나폴레옹은 그의 말을 듣고 마침 몸도 좋지 않았던 탓에 방으로 돌아가 한숨을 더 잤다. 결국 그는 두 시간을 더 잤는데, 이때의 지연이 전투의 승패를 가르는 관건이 되었다.

프랑스, 군대, 조세핀

웰링턴은 독일군이 이미 지원하러 온 데다 나폴레옹의 늙은 장군이 연막작전에 속아 반대 방향으로 추격전을 벌이는 덕분에 적의 전력이 분산되었다는 사실을 듣자 자신감이 크게 늘었다. 그는 156문의 대포에 의지해 결사전을 벌이기로 결심했다. 오전 11시 30분, 나폴레옹이 진격을 명하자 120문의 대포가 우렁차게 포문을 열고 발사를 시작했다. 무식하지만 용감한 바보 대장도 5천의 기병을 이끌고 영국군을 향해 돌진했다. 영국군의 화력이 대단하기는 했지만, 바보 대장의 기병대가 목숨을 걸고 전진했기 때문에, 영국군은 후퇴했고 대포는 모두 프랑스 군의 손에 넘어갔다. 그러나 바보 대장은 또 한 차례 엄청난 실수를 저질렀다. 그의 기병대는 보병의 지원을 받지 못했던 것이다. 뛰어난 군사가였던 웰링턴은 가장 위험한 상황에서 이 점을 간파하고 다음과 같이 명령했다. "나폴레옹의 보병이 도착하기 전에 우리는 반드시 대포를 탈환해야 한다. 그러지 못한다면 우리의 전투는 희망이 없다." 바보 대장은 앞으로 끊임없이 전진하며 힘든 전투를 치른 탓에 완전히 지쳐 있었고 영국군은 회군하면서 곧 자신들의 대포를 회수할 수 있었다. 여기서 위털루 전투의 아주 사소하지만 중요한 한 가지 요소가 등장한다.

전쟁터에서 적군의 대포를 손에 넣었을 때 취해야 하는 가장 기본적인 행동은 머리 없는 못을 대포의 작은 구멍에 넣는 것이다. 이렇게 하면 대포가 완전히 기능을 잃는다. 머리가 없는 못은 한번 들어가면 다시 뽑기 어렵다. 그래서 모든 기병대에는 머리 없는 못과 망치를 든 사람이 있다. 그러나 바보 대장은 영국군이 퇴각한 뒤 그들의 대포를 파괴하라고 명령하지 않았다. 그래서 영국군은 파괴되지 않은 대포를 탈환하자마자 곧바로 프랑스군을 향해 소나기처럼 포탄을 퍼부었다. 게다가 독일군의 블뤼허 또한 말 위에서 호응했다. 독일군은 7천 명이 죽었고, 영국군은 1만 5천 명이 죽었지만, 프랑스 군은 2만 5천 명이 죽었다. 나폴레옹은 파리로 도망쳤고 1개월

만에 정식으로 항복했다. 그는 세인트헬레나 섬에 유배되어 6년 만에 억울한 죽음을 맞았다. 여기서 다시 한 번 '만약'이라는 가정으로 이 전쟁을 이야기하고자 한다.

첫째, 만약 블뤼허가 처음에 정말 죽고 그 참모장들이 계획에 따라 철수했다면, 웰링턴 공작은 지원군을 얻지 못했을 것이다. 둘째, 늙은 대장이, 독일군이 전부 퇴각하지 않고 워털루 쪽으로 전진했다는 정보를 믿고 그들을 막았다면, 웰링턴 공작은 지원군을 얻지 못했을 것이다. 셋째, 바보 장군의 기병대 가운데 누구라도 머리 없는 못으로 영국군의 대포를 파괴했다면, 이 전쟁에서 웰링턴 공작은 질 수밖에 없었을 것이다.

그래서 나폴레옹이 워털루 전투에서 이겼다면, 제7차 대프랑스 동맹 전쟁은 어떻게 되었을까? 역사가들은 일반적으로 나폴레옹이 이미 힘을 다한 상황이었기 때문에 결국 대프랑스 동맹군에 패배할 수밖에 없었을 것이라고 본다. 워털루에서 패전한 뒤 나폴레옹은 이런 말을 남겼다. "역사는 과거의 사건에 대한 한 가지 판본일 뿐이지만, 모두가 받아들이기로 동의한 판본이다."

나폴레옹이 임종 전에 남긴 마지막 말은 "프랑스, 군대, 조세핀"이었다고 한다. 그는 그의 조국과 군대, 아내를 그리워한 것이다.

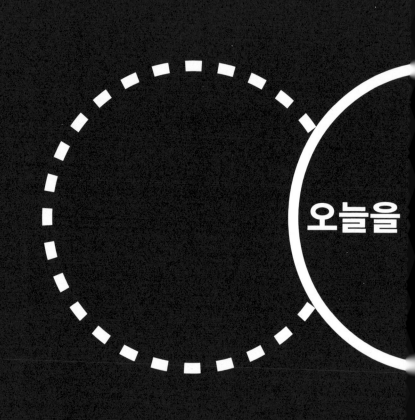

오늘을

밝히다

감히 다른 삶을 향해

남아프리카의 인권 운동 지도자 만델라는 일찍이 27년 동안이나 수감자의 삶을 살았다. 이로 인해 전 세계에서 도덕과 용기의 모범이 되었다. 그는 용기와 의지가 억압적인 폭력에 승리할 수 있음을 보여 주는 증거다.

2008년 7월 18일, 세계적으로 존경받는 전 남아프리카 공화국 대통령 만델라 선생이 90세 생일을 맞았다. 나는 이제 그에 대해 이야기해 볼 생각이다.

아프리카 대륙 남단에 있는 남아프리카 공화국은 유럽과 인도, 아시아를 연결하는 해양 통로의 중추로 황금과 다이아몬드 등 귀금속을 비롯해 천연자원이 풍부하다. 공화국의 인구는 약 4,700만 명에 이르고 행정, 사법, 입법으로 구분된 3개의 수도가 있으며, 11종의 공식 언어에 따라 11개의 공식 국가 명칭이 존재한다. 국내총생산GDP은 대략 1만 달러로 전 세계 180여 개국 가운데 70위 전후에 자리해 중간 정도에 해당한다. 남아프리카 공화국의 지니 계수(빈부 격차를 측정하는 통계 지수)는 0.57~0.58로 상당히 높은 편이다. 전 세계에서 빈부 격차가 가장 작은 나라의 지니 계수는 0.25 전후이며, 빈부 격차가 가장 큰 나라의 지니 계수는 0.7 정도다.

약 2,500년 전 이 지역의 원주민들은 농작과 목축, 수렵 생활을 시작하였다. 먼저 포르투갈 사람들이 유럽에서 남아프리카로 이주했고, 17세기 중엽에는 네덜란드 사람들도 남아프리카에 정착했다. 18세기 말, 네덜란드의 해상 지배권이 쇠퇴하고 영국이 이를 대신하면서 영국인들이 남아프리카로 이주했다. 네덜란드인과 영국인은 인도와 마다가스카르, 인도네시아 등지의 사람들을 이곳으로 데려와 노예로 삼았다. 1910년 남아프리카 연방은 대영 제국의 자치령이 되었으며, 제2차 세계 대전 후에 대영 제국이 나날이 쇠약해지자, 1961년에 남아프리카 공화국은 영국 연방을 벗어나 정식으로 독립국이 되었다.

자유와 평등을 쟁취하다

남아프리카의 근대사에서 가장 중요하면서도 가장 침울한 시기는 1948년에서 1994년까지의 40년 동안이다. 당시 이 나라에서는 인종 격리 정책이 실시되었으나 항의와 투쟁을 거쳐서 마침내 전면 폐지되었다.

우선 무엇보다 분명해 보이는 인권이라는 개념에 대해 얘기해 보자. 국제 연합의 세계 인권 선언은 제1조에서 이렇게 밝히고 있다. "모든 사람은 태어나면서부터 자유롭고, 존엄과 권리에 있어 평등하다." 자유와 권리는 동전의 양면과 같아서 자유는 권리를 가져오며 권리는 자유를 실현한다. 모든 사람은 동등한 권리와 존엄을 지니며 이것이 평등의 진정한 의미다. 우리는 '사람은 태어나면서부터 자유롭고 평등하다'는 원칙에 동의한다. 그러나 우리는 이 문제에 대해 '왜?'냐고 묻지 않는다, 다시 말해 '무엇이 이러한 원칙을 이끌어 내는가?'라고 묻는 것을 종종 잊는다. 한 가지 관점은 이를 자연의 법칙, 그러니까 평등과 자유를 태어나면서부터 갖는 권리라고 보는 것이다. 평등과 자유는 인류를 사람답게 살아가도록 만들어 주기 때문이다. 또 하나의 관점은 평등과 자유가 없는 사회에서는 분쟁과 소란이 일어나고 분노와 원한이 가득할 것이므로 이야말로 피치 못할 원칙이라는 것이다.

평등과 자유의 진정한 의미를 설명하기 위해, 미국 대통령이었던 루스벨트가 1941년 연설에서 말한 네 가지 자유를 인용하고자 한다. 그가 말한 네 가지 자유는 언론의 자유, 신앙의 자유, 결핍과 공포로부터의 자유다.

인류의 역사는 평등과 자유를 쟁취해 온 과정이다. 이처럼 명확한 보편 가치가 왜 쉽게 이해되지 않고 실현되지 않는지 자문하지 않을 수 없다. 역사적으로 프랑스 대혁명, 미국의 남북 전쟁, 중국의 국민혁명, 제2차 세계 대전 중 있었던 나치와의 전쟁, 거기에 시민의 권리, 여성의 권리, 노동자의 권리, 나아가 성적 취향의 차이에 대한 권리, 아직 태어나지 않은 태아의 권리, 환경 보호의 권리, 물을 비롯한 여러 가지 천연자원의 권리 등에 대한 갖가지 논쟁은 평등과 자유의 추구를 대변한다. 나아가 인간의 내면에 깃든 야심과 이기심, 완고함, 편견 등에 대한 문제도 포함한다.

인권은 더더욱 단순한 문제가 아니다. 오늘날 아득히 멀고 낯선 남아프리카 공화국의 몇십 년 전 역사를 보며 그것을 일회성 사건으로 치부해서는 안 된다. 역사서를 읽으면 틀림없이 이와 유사한 인물과 사건을 숱하게 찾아볼 수 있을 것이다. 이러한 인물과 사건은 서로 다른 시공간에서 끊임없이 얼굴을 바꿔 우리 앞에 등장한다.

앞에서 말했던 남아프리카 공화국의 인구는 토착민과 네덜란드 및 영국의 이민자 그리고 인도, 마다가스카르, 인도네시아 등지에서 끌려 온 노예를 포함한다. 통치자들은 기득권을 고수하고자 애쓰는 한편, 지배층 내부에서 네덜란드와 영국 이민자끼리 치열한 권력 투쟁을 벌였다. 그리하여 1948년 네덜란드 이민자를 중심으로 구성된 국민당은 총선거에서 승리를 거둔 뒤 인종 격리 정책을 실시했다. 당시 남아프리카의 인종 격리 정책은 백인 우월주의의 표현이자 네덜란드 이민자가 영국 이민자를 배척하고 주도권을 독점하고자 사용한 책략이었다.

남아프리카의 인종 격리 정책은 전국의 거주자를 4개의 인종 군群으로 나누었다. 흑은 토착민을 가리키며, 백은 유럽 출신을 가리킨다. 그 밖에 인도와 아시아 출신(주로 인도와 중국 이민의 후예들), 혼혈인 유색 인종이 있다. 인종 사이의 구분은 뚜렷했다. 전국 토지의 약 13퍼센트를 10개의 흑인 토착 지역으로 나누었으며, 모든 흑인은 소속된 토착 지역 내에서만 생활하도록 제한받았다. 이러한 제도 아래서 흑인의 시민권은 취소되었고, 이들은 토착 지역 외 다른 곳에 가려면 반드시 여권을 지녀야 했다.

이러한 분할과 격리의 법령 아래서는 직업 선택의 기회가 극히 제한될 뿐 아니라 교육과 거주, 여행 등의 기회 또한 엄격하게 제한을 받았다. 공공장소나 대중교통 수단을 사용하는 일조차 제한을 받았고, 서로 다른 인종 사이에서는 결혼할 자유조차 허락되지 않았다. 이 정책은 분할과 격리를 통해 백인 지상주의 사회를 건설하려는 데 목적이 있었다. 정부는 수많은 법령을 제정하고 수많은 공무원을 동원해 이러한 법령을 집행하면서 가능한 모든 저항을 억압했다. 이 때문에 내부에서는 시위, 파업, 보이콧 및 게릴라전 등 폭력적인 수단을 동원한 반발이 갈수록 격렬해졌다. 그중 가장 중요한 역할을 담당한 정당이 아프리카 민족 회의ANC였고, 이 정당의 정신적 지주가 바로 만델라였다.

남아프리카 정부의 부당한 행위는 국제 사회의 질책과 제재를 받았다. 국제 연합 총회에서는 회원국들이 앞장서서 남아프리카의 인종 격리 정책을 비난하며 남아프리카에 무기 반출을 금지할 것을 결의했다. 많은 국가에서 남아프리카에 대한 상업 제재를 결정했고 남아프리카와의 문화 및 스포츠 교류 또한 중단했다. 남아프리카에 대한 다국적 기업의 투자 규모도 감소했다.

간디의 이념에 깊이 영향을 받고

만델라는 1918년 남아프리카에서 태어났다. 일곱 살 때 입학한 그는 가족 가운데 처음으로 학교에 들어간 사람이었다. 그는 대학에서 1년 동안 공부하다가 학교 정책을 보이콧하는 학생 대표 연합회에 참여했다는 이유로 퇴학당했다. 나중에 그는 통신 교육으로 남아프리카대학교에서 학사 학위를 취득했다. 인종 격리 정책에 반대하다가 수감되었던 기간에, 그는 또 통신 교육을 통해 런던대학교의 법학사 학위를 취득했다. 1981년 런던대학교에서 총장을 선출할 때, 만델라도 후보자 가운데 한 사람으로 추천받았지만 결국 영국 여왕의 딸 앤 공주가 선출되었다. 사실 그때 만델라는 줄곧 갇힌 처지였다.

만델라는 젊었을 때부터 아프리카 민족 회의의 정치 활동에 참여했다. 아프리카 민족 회의는 부족의 추장, 종교 지도자, 지역 사회의 대표가 구성한 정당으로 자유와 평등의 권리를 수호하고 백인 우월주의에 반대한다는 기치를 내세웠다. 만델라는 이 정당의 청년 당원으로 시작해 점차 핵심 권력층으로 진입했으며 나중에는 부대표로 당선되었다. 남아프리카 국민당이 1948년의 대선에서 승리하고 인종 격리 정책을 추진할 때 아프리카 민족 회의는 이 정책에 대한 주요 저항 세력이었다.

만델라의 정치 이념은 인도 건국의 아버지 간디와 그 계승자인 네루에게서 깊이 영향받았다. 모두가 잘 알고 있듯이, 간디는 평화를 주장하며 비협조적인 태도를 저항의 수단으로 삼았다. 간디는 일찍이 남아프리카에 20여 년간 거주하며 아프리카 인도인의 권익을 위해 노력했지만 네루는 순수한 평화주의자는 아니었다. 만델라는 초기에 평화적인 대중운동 노선을 걸었으나, 나중에는 평화적인 수단만으로 결과를 얻기 어렵다는 인식에 도달했다. 정부가 무력을 동원해 그들을 진압했기 때문에, 그는 정당 내에 무장한 군대를 설립해 게릴라 활동을 전담하도록 했다. 그러나 그 뒤로 오랫동안 만델라는 끝까지 평화적인 협상 수단을 유지하면서 남아프리카의 인종 격리 정책을 완전히 일소했다.

1964년 만델라는 반란죄로 기소되어 종신형을 받았다. 죄수로서의 생활은 무척이나 고달팠지만, 그는 그 시기에 런던대학교의 강의를 수강하여 법학사 학위를 취득했다. 또한 감옥 안에서도 인종 격리 정책에 반대하는 운동에 앞장서는 젊은이들을 가르쳤기 때문에, 그가 수감된 감옥은 유머러스하게 '만델라 대학'이라 불리기도 했다.

18년이 지난 뒤 만델라는 또 다른 감옥으로 옮겨졌다. 그 원인 가운데 하나는, 정부가 국내외 여론에 밀려 만델라를 석방하고자 했지만 그가 자유를 얻는 대신 무력 항쟁을 포기하라는 정부의 교환 조건을 거절했기 때문이다. 만델라가 병원에서 전립선암으로 치료받을 때, 정부는 협상을 진행하기 위해 병원으로 사람을 보냈다. 협상은 몇 년 동안이나 이어졌지만 별다른 진전이 없었다. 결국 1990년 새로 대통령이 된 프레데리크 빌렘 데 클레르크는 취임 후 만델라를 석방하고 아프리카 민족 회의에 대한 금지령을 해제했으며 인종 격리와 관련된 법령을 점차 취소해 나갔다. 이에 따라 국제 사회의 여러 국가 또한 남아프리카에 대한 경제, 문화, 스포츠 등 각 분야의 보이콧을 철회했다. 27년 동안의 복역을 마친 만델라는 출옥 이후 연설을 통해 평화를 추구하고 소수 백인과 화해할 것을 다짐했다. 그리고 다른 한편으로 아프리카 민족 회의의 무력 항쟁은 아직 끝나지 않았다고 밝혔다.

영원한 적은 없다

만델라의 주도 아래 각 정당은 정부와의 협상을 진행했다. 비록 폭력 사태는 지속되었지만 권리와 이익에 대한 고려는 여전히 중요한 요소였기에 결국 이들은 공통된 인식에 도달했다. 1994년 남아프리카 공화국은 최초의 전 국민 자유선거를 실시했고, 18세 이상의 국민은 누구나 투표권을 행사했다. 만델라는 대통령에 당선되어 남아프리카 공화국 최초의 흑인 대통령이 되었다. 데 클레르크는 부통령에 당선되었다.

만델라와 데 클레르크는 남아프리카 공화국의 인종 격리 문제를 평화적으로 해결함으로써 1993년에 노벨 평화상을 수상했다. 시상식장에서 만델라는 자신이 평화를 추구하고 전쟁에 반대하는 데 용감하게 앞장선 수많은 사람의 대표로서 상을 받는다고 말했다. 모두가 사이좋게 지내며 폭력을 지양하고 인종 간의 차별이나 멸시를 없애며 인권과 인간의 존엄을 중시하고 억압에 저항하며 지구상에서 빈곤을 몰아내기 위해 애쓰는 모든 사람을 대신해서 수상하노라고. 데 클레르크는 이렇게 말했다. "5년 전에는 아무도 만델라 선생과 제가 함께 노벨상을 수상하리라고 상상하지 못했을 겁니다. 오늘 우리는 함께 이 자리에 섰습니다. 우리는 일찍이 정치 라이벌이었으며 수많은 의제에 대해 전혀 다른 견해를 가지고 있었습니다. 머지않아 있을 선거에서도 우리는 맞서 싸우게 될 것입니다. 하지만 우리는 평화를 위한 마음으로 평화라는 큰 틀 안에서 경쟁할 겁니다. 우리 나라의 화합과 번영을 위해서는 다른 방법이 없습니다."

1996년 5월에 데 클레르크는 타이완대학교의 초청을 받아 '뉴 밀레니엄의 평화 수호'라는 제목으로 타이완의 민주화 투사인 스밍더施明德와 '남아프리카의 경험과 타이완의 먼 미래'에 대한 대담을 나누었다. 그는 이렇게 말했다. "새로운 밀레니엄에는 전 세계의 모든 곳에서 다원적인 사회가 건설되어 서로 다른 인종과 민족, 서로 다른 문화와 종교가 서로 사이좋게 어울려 테러가 사라지고 함께 평화를 이뤄 나갈 수 있기를 바랍니다."

만델라는 인권을 위해 투쟁하는 과정에서 27년 동안이나 수감되었다. 이 27년 동안 그는 공공장소에 불과 세 번 모습을 드러낼 수 있었고, 수감 초기에는 겨우 6개월에 편지 한 통과 면회 한 번을 허용받았다. 마흔다섯에서 일흔두 살까지의 시간은 그의 일생에서 가장 풍요로웠다. 그는 행동의 자유를 박탈당했지만, 그 생명의 불꽃은 꺼지지 않고 계속 타올라 용기와 의지가 억압을 이기고 승리할 수 있음을 증명했다. 27년이라는 긴 시간은 만델라가 얼마나 강인한 내면을 가진 사람인지 보여 주었다. 그는 평화로운 협상으로 무력 항쟁을 대신했고, 흑인의 자유 쟁취에서 시작해 모든 인종과 민족의 화해와 단결, 평등의 추구로 나아갔다. 남아프리카의 인권 운동 지도자에서 전 세계의 도덕과 용기를 상징하는 모범으로 우뚝 선 것이다.

만델라의 일생은 존경의 대상이 될 만하다. 그야말로 아름다운 인생이 아닌가? 샹송 가운데 「장밋빛 인생」이라는 노래가 있다. 이 노래의 마지막 몇 구절은 다음과 같다. "당신의 마음과 영혼을 내게 주세요. 내 삶은 영원히 장미처럼 찬란하고 아름다울 거예요."

이는 사랑하는 연인이 주고받는 말이다. 하지만 자유와 민주를 위해 싸운 투사에게도 어울리지 않는가?

오늘을 밝히다

만델라에게 리더십을 배우다

리더십이란 훈련할 수 있는 것인가? 그렇다. 많이 읽고, 많이 생각하라. 만델라의 이야기를 알고 난 뒤에는 더 깊이 이해할 수 있을 것이다.

::

남아프리카 공화국의 전 대통령 만델라는 자유와 민주를 위해 싸운 투사이자 도덕과 용기를 상징하는 인물로서 전 세계에서 가장 존경받는 지도자다. 그는 남아프리카에서 인종 사이의 평등과 화해를 위해 노력하고 투쟁하면서 인류의 모범으로 우뚝 서 우리에게 감동과 격려를 주었다.

만델라와 오랫동안 알고 지낸 『타임』지의 기자는 「만델라의 경험으로 이야기하는 리더의 여덟 가지 신념」이라는 제목의 기사를 썼다. 나는 이 기사의 내용을 중심으로 리더의 자질과 능력을 이야기하고자 한다.

리더는 매우 폭넓게 사용되는 명사이다. 리더의 사명은 자신을 따르는 사람들을 이끌고 공동의 목표를 추구해 임무를 완성하는 것이다. 나라의 대통령, 기업의 총수, 정당의 대표, 전쟁터의 장수, 학교의 교장, 종교 및 도덕 등의 정신적 지도자 등 각각의 리더가 지닌 권력의 원천은 다르며, 임명을 통해 권력을 얻거나 선거를 통해 받는 권력의 범위와 한계 또한 다르다. 전쟁터의 장수는 생사여탈권을 지니며, 교장은 교무 회의의 약속에 따라 권한을 행사하지만, 종교 및 도덕 등의 정신적 지도자는 어떠한 실질적인 권력도 갖지 못한다. 동시에 서로 다른 리더에게는 서로 다른 지지자가 있다. 기업에는 디자이너나 엔지니어, 학교에는 교사와 학생, 정당에는 공통된 정치 이념을 지닌 당원, 종교에는 공통의 신앙을 지닌 신도가 있다. 그래서 성공적인 리더가 지녀야 할 자질과 능력에는 수많은 공통점뿐 아니라 적지 않은 차이점도 존재한다. 이제 만델라의 경험을 통해 리더의 자질과 능력에 대해 구체적으로 이야기해 보자.

굳건한 신념과 이념

첫째, 용기란 두려움을 모르는 것이 아니라 스스로 침착을 유지하고 다른 사람이 두려움을 넘어설 수 있도록 격려하는 능력이다. 1994년 대통령 선거에서 만델라는 작은 경비행기를 타고 아주 먼 곳까지 가서 선거 유세를 펼쳤다. 목적지까지 20분 정도 남은 상황에서 비행기 엔진 하나가 고장 났다. 비행기에 타고 있던 모든 사람이 긴장해서 어쩔 줄 몰라 했지만, 만델라만은 평정을 유지하며 의연하게 신문을 계속 보았다. 안전하게 착

륙한 뒤에야 만델라는 입을 열고 말했다. "놀라서 숨이 멎을 뻔했군!" 그는 이어서 지하 활동을 하는 동안, 그리고 법정에서 재판을 받을 때나 감옥에 갇혀 있을 때도 언제나 무척 두려웠노라고 말했다. 그러나 리더로서 그는 자신을 따르는 이들에게 자신의 두려움을 알아차리게 할 수 없었다. 그와 함께 감옥에 갇혔던 사람들은 모두 만델라가 고개를 똑바로 들고 가슴을 쭉 편 채 감옥 안 운동장을 걸어 다니던 모습을 보면 마음속의 두려움이 적잖이 사라졌다고 말했다.

이야말로 송나라의 문장가 소순蘇洵이 「심술론」心術論에서 "태산이 눈앞에서 무너지더라도 낯빛이 바뀌지 않는다."라고 일컬었던 경지다. 소순은 또 지도자라면 자신을 따르는 사람들에게 "어떠한 거리낌도 없이 기댈 만한 바가 있어야 한다."라고 말했다. 자기 내면의 두려움을 드러내지 않고 자신을 따르는 사람들이 두려움을 넘어서도록 이끌기 위해서 지도자에게 필요한 것은 가면이 아니라 굳건한 신념과 이념이다. 이것이 곧 리더가 지니는 용기의 원천이다. 굳건한 신념과 이념이 있어야 두려움에 맞서 좌절하지 않고 어려움에 굴하지 않으며 위험을 무릅쓸 수 있다. 시장 변동, 자금 부족, 협상 상대의 고집 등은 모두 기업의 리더가 걱정하고 두려워하는 요인이지만, 그는 자신의 이념을 끝까지 관철하면서 전체 사원을 격려해야 한다.

둘째, 리더는 최전선에 서더라도 뒤에 있는 이들을 잊어서는 안 된다. 1985년 전립선암 수술을 받고 감옥으로 돌아간 만델라는 그의 친구들과 완전히 격리되었다. 그것은 27년 만에 처음 있는 일이었기에 모두 잔뜩 긴장해서 저마다 항의의 목소리를 높였다. 그러나 만델라는 '새옹지마'의 태도로 감옥 안에서 홀로 정부와의 협상을 시작했다. 이는 아프리카 민족 회의가 오랫동안 무력으로 정부에 대항해 왔던 기본 방침에 위배되는 일이었으며, 만델라의 지지자들은 감옥에 갇혀 있는 사람이 효과적으로 정부와 협상할 수 있으리라는 사실을 믿지 않았다. 많은 사람이 그의 행동을 위험하다고 생각했으며 심지어 그가 지지자들을 배반했다고 여기는 사람도 있었다. 이때 만델라는 적극적으로 정부와의 협상을 추진하는 한편, 끈질기게 자신의 행동을 해명하며 지지자들을 설득했다. 그는 인종 격리 정책을 취소하는 것이야말로 그들의 일관된 목표이며, 무장 투쟁이냐 평화적인 협상이냐의 문제는 전술의 운용에 속할 뿐이라고 말했다.

리더는 반드시 보다 높은 곳에 올라서서 널리 보고 멀리 보면서 새로운 관점과 전략, 방식을 제안하는 능력을 갖추어야 한다. 그러나 새로운 사실이나 대상에는 언제나 불완전하고 부정확한 요소가 있기 마련이다. 새로운 관점과 전략, 방식이 광범위한 대중에게 즉시 수용되기는 어렵다. 높은 곳에 선 사람은 종종 가장 외로운 사람이다. 옛사람들이 "높은 곳에 서면 추위를 이길 수 없다."라고 말한 뜻이 여기에 있다. 그래서 리더는 굳건히 이념을 지킬 수 있어야 할 뿐 아니라 지지자들이 자신의 이념을 믿고 따를 수 있도록 기백과 매력을 지녀야 한다. 때로는 인내심을 가지고 끈질기게 상대를 설득하고 이끌어야 하며, 때로는 굳건한 태도로 대중의 믿음과 지지를 얻어 내야 한다. 멀리 내다보지 못하는 리더는 성공할 수 없고, 지지를 얻지 못하는 리더는 실패의 시련을 견딜 수 없다.

셋째, 리더는 반드시 지지자들의 뒤에서 버팀목이 되어 그들 자신이 최전선에 선 리더라고 느끼게 해야 한다. 만델라는 자주 어린 시절 양치기 경험을 예로 들어 양 떼를 모아 산 정상으로 올라가는 가장 좋은 방법, 심지어 거의 유일한 방법이라고 할 수 있는 것은 뒤에서 양들을 몰아서 올라가는 것이라고 말했다.

넘쳐흐르는 지혜의 불꽃

회의를 진행할 때도 몇 가지 중요한 원칙을 기억할 필요가 있다. 첫째, 회의의 진행자는 의제 이면의 맥락을 제대로 파악하고 충분히 이해해야 한다. 둘째, 회의의 진행자는 반드시 먼저 몇 가지 가능성 있는 결정과 그 결정들이 야기할 결과에 대해 어느 정도 분석을 마쳐야 한다. 셋째, 회의의 진행자는 최종적으로 결정된 사항을 어느 정도 견지하는 동시에 그에 대한 탄력성도 가지고 있어야 한다. 넷째, 회의의 진행자는 참석자들의 관점과 개성을 잘 알고 있어야 한다. 다섯째, 회의의 진행자는 참석자들이 자신의 의견을 마음껏 표현할 수 있도록 할 뿐 아니라 참석자 모두가 자신의 인격과 의견이 존중받고 있다고 느끼도록, 그래서 자신이 최종 결정권을 행사했음을 확신하도록 배려해야 한다. 이는 회의 원칙 가운데 가장 중요한 사항이기도 하다. 여섯째, 회의의 진행자는 토론을 주도하면서 상호 공격과 중상모략, 소모적인 싸움에 휘말리지 않도록 주의해야 한다. 나아가 참석자가 각자 자신의 의견만을 내세우거나 혼자서 북 치고 장구 치는 식으로 떠들지 않도록 경계할 필요가 있다. 회의의 진행자는 반드시 조화와 균형을 추구하며 서로 다른 의견을 종합하고 토론의 결과를 이끌어야 한다. 그래야 회의 참석자들이 최종 결의를 자신의 결정으로 수용하고 효과적으로 시행할 수 있다.

오늘날 교수 자치가 이루어지고 있는 대학에서는 회의에 각 영역의 뛰어난 인재들을 모아 브레인스토밍을 한다. 지혜의 불꽃을 효율적으로 피워 올리는 핵심은 바로 진행자가 한 걸음 물러나 참여 교수들의 집단 리더십을 어떻게 이끌어 내느냐에 달려 있다.

넷째, 라이벌을 만나게 됐다면 그의 기호나 그가 좋아하는 운동까지도 아는 편이 좋다. 남아프리카 공화국에서 인종 격리 정책을 추진한 남아프리카 국민당에는 네덜란드의 후예인 백인이 많았기 때문에, 남아프리카 네덜란드어가 공식 언어였다. 만델라는 남아프리카 네덜란드어를 열심히 공부했을 뿐 아니라, 그들이 가장 좋아하는 운동인 럭비에 대해서도 잘 알았다. 이에 대해 만델라와 뜻을 같이하는 많은 사람이 옳지 않다고 여겼다. 그러나 만델라는 라이벌을 이해해야 그들과 효과적으로 협상을 할 수 있고 항쟁도 할 수 있다고 믿었다. 그 밖에 그는 남아프리카의 네덜란드계 백인이 영국계 백인에게 멸시당하며 문화적 2등 국민으로 차별받는 점에 대한 이해도 깊었다. '대립 구도'는 근시안적으로 자기의 지배권을 공고히 하는 방법으로서, 그 상대와 협상할 때는 부정적인 영향을 미친다. 결국 이는 양쪽이 모두 피해를 입는 소모전이 된다. 상대방을 이해하고 포용함으로써 대립 구도를 대신할 수 있다면, 라이벌이라 할지라도 유효한 상호 활동으로 쌍방 모두 이익이 되는 계기를 마련할 수 있다. 리더는 모름지기 이 모든 것을 행하며 적극적으로 발전시켜 나가야 한다.

다섯째, 친구와 긴밀한 관계를 유지하는 것만큼, 아니 그 이상으로 라이벌과 친밀한 관계를 맺는다. 리더는 자신을 따르는 지지자를 이해하고 포용하며 아끼고 사랑해야 한다. 그렇게 해야 비로소 강력한 구심력이 생긴다. 특히 정치계에서는 오늘의 전우가 종종 잠재적인 적수이기도 하며 오늘의 적수가 미래의 전우가 될 여지도 충분하다. 만델라는 당 내에서도 자신이 가장 좋아하거나 신임하는 사람을 참모단에 두기를 바라지 않았으며, 라이벌을 포용하는 것이야말로 그를 제어하는 가장 좋은 방법이라고 믿었다. 만델라는 친화력이 무척 좋은 사람이어서 그와 함께했던 모든 사람이 그의 배려와 관심을 받는다고 느꼈다. 정치권의 사람과 사람 사이의 관계가 더할 나위 없이 복잡하기는 하지만, 친화력은 어떤 분야에서든 리더에게 필수 불가결한 요소다.

친화력은 가식적인 미소나 거짓 행동이 아니며 인간관계에 대한 관심과 인간성의 아름답고 따뜻한 일면을 관찰하는 데서 오는 것이다. 리더는 전적으로 이해타산에 입각해 인간관계를 맺어서는 안 된다. 이해관계에 의지해 다른 사람을 이끄는 사람은 이해관계 때문에 사람에게 버림받는 법이다.

여섯째, 겉으로 드러나는 태도는 무척 중요하다. 특히 언제나 미소 띤 얼굴을 유지해야 한다. 만델라는 옷차림을 무척 중시했다. 젊었을 때는 언제나 몸에 딱 맞는 양복을 입었다. 나중에 텔레비전에 등장한 그를 보면 거의 언제나 화려한 무늬가 그려진 긴소매 셔츠를 입고 있는데, 그 옷차림을 한 그는 아프리카에서 온 유쾌한 할아버지처럼 보였다. 공개 연설에서 그의 말솜씨가 최고라고는 할 수 없다. 그러나 그가 연단에서 만면에 미소를 지으며 서면, 백인 유권자들은 만델라가 '아무런 원한 없이 그저 나와 공감하고 있다'는 인상을 받는다. 흑인 유권자들에게 그 모습은 기쁨과 신념으로 가득한 승전 용사처럼 보인다. 옷차림과 태도, 미소는 단순한 외적 표현에 그치지 않는다. 깔끔하고 단정하며 자신의 몸에 맞는 품위 있는 옷을 입는 것은 내면의 존엄과 기쁨을 표현하는 것이다. 웃는 얼굴은 한 푼의 돈도 들이지 않으면서 사람들에게 가장 중요하고 깊은 인상을 남기는 최고의 장식이다.

언제나 키잡이일 필요는 없다

　일곱째, 절대적인 것은 아무것도 없다. 어떤 사람이 만델라에게 이런 질문을 했다. "무력 항쟁을 중지하기로 결정한 것은 무력 항쟁이 성공할 수 없다고 생각했기 때문입니까, 아니면 무력 항쟁을 포기하는 것이 국제 사회의 지지와 공감을 얻을 수 있다고 생각했기 때문입니까?" 만델라는 이렇게 답했다. "두 가지 다 원인이 될 수 있습니다!" 정치가로서 만델라는 모든 개별 결정에는, 대단히 복잡하고 상호 경쟁적이며 상호 저촉되는 요소가 담겨 있다고 보았다. 투쟁 과정에서 만델라는 자연스럽게 대단히 현실적인 정치가가 되었다. 그는 인종 격리 정책의 전면 철회를 위해 조금도 주저하지 않았고 조금도 물러서지 않았다. 그러나 그는 인종 격리 정책에 복잡한 역사, 사회, 심리적인 요소가 들어 있다는 사실을 깊이 이해하고 있었고, 이러한 요소들을 전면적으로 고려해야만 해결 방법을 찾을 수 있음을 알았다. 리더에게는 굳건하게 흔들리지 않는 목표와 타협하지 않고 양보하지 않는 원칙이 있어야 한다. 그러나 동시에 그 원칙을 지키며 목표를 달성할 수 있는 실질적인 행동 방법과 노선을 찾아야 한다. 리더의 책임은 임무를 완성하는 데 있지만, 임무를 완성하기 위해 기본 원칙을 위배해 서는 안 되며, 원칙을 고수하다가 아무런 결과를 얻지 못하는 잘못을 저질러서도 안 된다.

여덟째, 실패와 실망을 감수하는 것 또한 리더의 필수 자질이다. 1993년 만델라는 남아프리카 공화국의 투표권 하한 연령을 14세까지 낮추는 법령을 제안했다. 그는 대다수 국가의 투표권 하한 연령이 18세로 규정되어 있기는 하지만 예외적인 경우도 있다는 사실을 알았다. 인도네시아와 북한은 17세이고 오스트레일리아, 쿠바, 브라질은 16세다. 그러나 이 제안은 지지를 얻지 못했고, 만델라도 다시는 이러한 법안을 추진하지 않았다.

언제 자리에서 물러나야 하는지, 언제 제안을 그만두어야 하는지, 언제 실패가 분명한 정책과 관념을 포기해야 하는지 아는 것이야말로 리더가 가장 얻기 어려운 자질이자 능력이다. 만델라는 남아프리카 역사에서 가장 위대한 공헌을 한 인물이다. 그는 1994년 전 국민 자유선거를 통해 대통령에 당선된 후 4년의 임기를 마치고 대통령직에서 물러났다. 남아프리카의 인권 운동에 바친 공로와 희생으로 그는 대중의 존경과 사랑을 한 몸에 받았고 국제 사회에서 명성을 떨쳤다. 남아프리카 인권 운동에 바친 공로와 희생으로 그는 종신 대통령의 지위를 바랄 수도 있었으나 그렇게 하지 않았다. 남아프리카 공화국을 위해, 나아가 아프리카의 수많은 국가에 민주 정치의 모범을 세우기 위해, 그는 정해진 임기를 마친 뒤 대통령 자리에서 물러났다. 리더는 키를 잡고 항로를 결정한다. 그러나 그 리더가 영원히 그 배의 키를 잡고 있을 필요는 없다. 성공한 리더는 언제 마침표를 찍어야 가장 아름다운 글이 완성되는지 안다.

지금 나는 만델라가 남아프리카의 정치와 역사에 남긴 경험을 예로 들어 리더의 자질과 특징에 대해 말했다. 처음에 나는 서로 다른 시공간에서 리더의 위치가 각각 다르다는 점을 분명히 했다. 만델라는 경제 조건이 열악하고 민주 제도가 취약한 환경에서 평화적인 방식으로 인종 격리 정책의 해소라는 목적을 이루어 전 세계 모든 사람의 존경과 사랑을 받는 정신적 지주가 되었다. 리더의 자질과 특성에 대한 매우 훌륭한 모범으로 자리매김한 것이다.

오늘날 우리는 리더십의 중요성에 대해 자주 말한다. 학교에서도 리더십 훈련에 대한 이야기를 많이 듣는다. 어떤 사람들은 리더십이 훈련될 수 있느냐고 묻기도 한다. 내 대답은 훈련될 수 있다는 것이다. 많이 읽고 많이 생각하라. 만델라의 이야기를 통해서 우리는 리더십을 더 깊이 이해할 수 있다.

녹색 혁명을 시작하다

인류가 살기 위해 의존하는 녹색 자원은 빠른 속도로 감소하고 있다. 우리는 '녹색 자본주의'의 기치 아래 새로운 산업 혁명이 일어나 경제가 더욱 활성화되고 환경도 한층 아름다워지기를 바란다.

::

 2008년 3월, 『타임』지에 '세상을 바꾸는 열 가지 생각'이라는 제목의 글이 실렸다. 나는 그 가운데 환경 및 경제와 비교적 밀접한 몇 가지를 말하고자 한다.

 여기에서 가장 중요한 개념은 '지속 가능한 발전'이다. '지속 가능한 개발'로도 불리는 이 개념은 1987년 국제 연합 위원회의 보고서에서 비롯되었다. 기본 내용은 "우리가 지금 필요로 하는 것을 만족시키는 과정에서 다음 세대가 그들의 수요를 충족시킬 수 있는 기회와 능력을 저해하지 않도록 한다."이다. 가장 분명한 사례는 지금 우리가 에너지 자원을 모두 소비하고 나면 다음 세대는 에너지 자원 결핍을 겪을 수도 있다는 점이다. 이 개념은 기업이나 사회, 국가에도 응용될 수 있지만 무엇보다 환경, 천연자원 및 경제와 사회 문제를 포함하는 전 지구적 차원에서 중요하다. 이러한 문제는 한 지역이나 국가에 국한되지 않는다. 공기, 물, 석유, 석탄, 철, 화폐, 금융, 질병, 문화 등의 문제를 언급할 때 우리는 전 세계가 서로 밀접하게 연관되어 있다는 사실을 명확히 인식한다. 그러므로 전 지구의 지속 가능한 발전은 반드시 지구상의 모든 사람이 공동으로 참여하고 토론하며 힘을 합쳐 노력해야만 한다.

먼저 환경 변화가 지속 가능한 발전에 주는 충격을 살펴보자. 그 가운데 영향력이 가장 큰 것은 기후 변화라고 할 수 있다. 기후 변화의 원인은 자연적인 것이다. 예를 들어 지구 공전 궤도의 변화나 태양 복사 에너지의 변화 등이 있다. 최근에 사람들은 인공적인 요소가 기후, 특히 지구 표면의 온도에 심각한 영향을 끼치고 있다는 사실을 알게 되었다.

갈수록 뜨거워지는 지구

태양에서 오는 복사열은 대기를 통과해 지표에 흡수되며 흡수된 일부 복사열은 다시 대기로 돌아간다. 이 복사열의 일부는 대기권 밖으로 나가지만, 나머지 일부는 대기 중의 수증기, 이산화탄소, 메탄과 다른 기체에 막혀 지표로 돌아와 재흡수된다. 지표에서 복사열이 다시 대기의 기체에 막혀 지표로 돌아가는 과정을 온실 효과라고 하며, 수증기, 이산화탄소, 메탄 등의 기체를 온실가스라 부른다.

온실 효과가 없다면 지표의 온도는 약 영하 18도가 되지만 온실 효과 때문에 지표의 온도는 영상 14도까지 올라간다. 이는 오랫동안 자연 안에서 대체로 균형 상태가 유지되어 특별한 변화가 없던 현상이었다. 최근에 사람들은 인공적인 요소, 특히 석탄과 석유, 천연가스가 연소 과정에서 대량의 이산화탄소를 방출하고, 그렇게 대기에 퍼진 이산화탄소가 온실 효과로 인해 더 많은 지구 복사열을 잡아 가둠으로써 지표의 온도를 상승시켜 지구 온난화 현상을 일으킨다는 사실을 알게 되었다.

지난 100년 동안 지표의 온도는 평균 섭씨 1도가량 상승했다. 과학자들은 앞으로 100년 동안 계속해서 1도에서 6도까지 오를 수 있다고 예측한다. 온난화는 우리의 생활 환경에 다방면으로 영향을 줄 것이다. 남북극의 빙하가 녹아 해수면이 상승하고 바닷가 저지대에 위치한 도시는 수몰될 가능성이 있다. 동시에 수분의 증발은 건조 현상을 가져와 추위와 더위, 눈보라와 태풍 등 갖가지 기후 현상이 더욱 극단적으로 변할지 모른다. 온도의 상승은 지구의 동식물 생태에도 분명하고 장기적인 영향을 미쳐 교통, 건강, 위생 등에서 여러 문제를 일으킬 것이다. 따라서 지구 온난화는 지속 가능한 발전을 저해하는 숨은 걸림돌이다.

대기 중의 온실가스는 온난화를 일으키는 주요 원인이다.

1997년 12월, 100여 개국 대표가 일본 교토에서 '교토 의정서'에 협의했다. 이 의정서의 목적은 모든 선진국에서 2008년부터 2012년까지 온실가스 6종류의 배출량을 1990년 수준보다 5.2퍼센트 이하로 낮추는 데 있다. 이에 따라 각 나라에는 달성할 목표를 두었다. 예를 들어 유럽 연합은 8퍼센트, 미국은 7퍼센트, 일본은 6퍼센트까지 낮추기로 했다. 그러나 러시아는 0퍼센트로 동결했고 오스트레일리아는 8퍼센트, 아이슬란드는 10퍼센트까지 높일 수 있었다. 1997년에 체결된 이 의정서는 각 참여국의 비준을 얻어 2005년부터 발효되었는데, 2014년까지 총 192개국이 '교토 의정서'를 비준했다. 미국은 이산화탄소 발생량이 가장 많은 나라이지만 교토 의정서를 비준하지 않았다. 교토 의정서의 내용은 지지했지만 각국에 분배된 비율에는 동의하지 않았다. 경제에 미칠 악영향을 우려했기 때문이다.

물론 교토 의정서는 협약일 따름이라 어떠한 구속력도 없으나 참여국들은 모두 이 목표를 위해 노력하고 있다. 교토 의정서에는 매우 흥미로운 조항이 몇 가지 있다. 어떤 국가가 예정한 감축 목표를 달성하지 못하면 이미 목표치를 달성하고도 여유가 있는 국가에 돈을 지불하고 그 여유분을 사들일 수 있다. 이러한 거래는 국가와 국가 사이에서만 유효한 것이 아니다. 한 국가에서 국내의 개별 공업에 서로 다른 감축 목표를 부여할 수 있기 때문이다. 따라서 목표량을 달성하지 못한 기업 또한 시장에서 이런 거래를 할 수 있다. 이는 국제 거래와 협력에서 볼 수 있는 재미있고 독특한 방식이라 할 수 있다.

발등에 떨어진 오염 문제

사람이 인공적으로 환경 변화를 일으키는 또 다른 사례는 대기의 오존층 파괴다. 중고등학교 때의 화학 시간을 떠올려 보자. 산소 원자는 O로 표시되는데, 2개의 산소 원자가 결합하면 산소 분자 O_2가 되며 산소 원자 3개가 결합하면 오존 O_3이 된다. 대기권의 자외선은 산소 분자를 자극해 2개의 산소 분자를 산소 원자 1개와 오존 1개로 분리하기도 하고, 반대로 산소 원자 1개와 오존 1개를 다시 2개의 산소 분자로 결합시키기도 한다. 이러한 분리와 결합 과정의 균형이 대기의 오존층을 형성한다. 1970년대부터 과학자들은 대기의 오존이 10년에 4퍼센트씩 감소하고 있다는 사실을 알았다. 대기의 오존층이 태양광의 자외선을 흡수하기 때문에 오존층이 줄어들면 태양으로부터 지구까지 도달하는 자외선의 양이 늘어나고 지나치게 과다한 자외선은 피부암과 기타 피부 질환을 일으킬 수 있다.

오존 감소의 주요 원인은 대기의 염화불화탄소에서 유리된 원자가 산소 원자 1개와 오존 분자 1개를 결합시켜 2개의 산소 분자로 만드는 데 있다. 이로 인해 대기 중의 오존은 감소하게 된다. 그러면 이 염화불화탄소에서 유리된 원자는 어디서 오는가? 염화불화탄소는 냉장고의 냉매, 세척제, 스프레이 분사제 등으로 사용되는 화합물이다. 염화불화탄소는 광분해를 거치면서 염소 원자를 떨어뜨린다. 골치 아픈 문제는 염화불화탄소의 수명이 50년에서 100년까지 유지된다는 점이다. 대기 중의 염화불화탄소 분자 1개는 1만 개에서 100만 개에 이르는 오존 분자를 없앨 수 있다.

1987년, 43개국 대표가 캐나다 몬트리올에서 '몬트리올 의정서'에 협의하여, 염화불화탄소의 생산을 멈추고 1986년까지의 사용량에 그치게 하며 1988년까지 선진국 생산량의 50퍼센트를 감축하기로 결의했다. 몇 년 후 과학자들이 염화불화탄소가 오존 파괴에 미치는 영향을 실험으로 좀 더 명확히 증명함으로써 결국 염화불화탄소는 2000년에 전 세계에서 생산이 중지되었다.

대기 오염은 이 두 가지 사례에 그치지 않는다. 대기 중의 탄소와 황 및 염소 산화물, 알루미늄과 구리 등의 금속 또는 방사성 원소의 분자도 모두 인류의 건강과 지구 생태계에 영향을 끼칠 수 있다. 세계 보건 기구는 전 세계 240만 명이 매년 대기 오염으로 사망한다고 예측한다. 대기 오염은 또한 나무를 말라 죽게 해 삼림 생태계를 파괴한다. 다수의 국가들이 대기 오염 물질의 배출 규제에 관한 법령을 제정하고 있는데, 그 가운데는 실내 공공장소의 흡연을 금지하는 조항이 포함된다.

이제 천연자원의 소비와 오염 문제를 살펴보자. 모든 천연자원 가운데 의심할 여지없이 가장 중요한 것은 물이다. 2008년 당시 국제 연합 사무총장 반기문은 3월 22일을 세계 물의 날로 제정해 모두에게 수자원 문제의 심각성을 일깨우고자 했다.

기후의 변화 및 그 밖의 인공적인 요인, 호수와 하천의 면적 감소, 사막화 문제도 점점 더 심각해지고 있다. 2008년의 올림픽을 위해 베이징에서는 수억 세제곱미터의 물을 건조한 베이징 지역으로 흐르게 만들었고, 미국의 콜로라도 강은 아예 바다에 이르지도 못하며, 아프리카의 3천만 명에게 물을 공급하는 아프리카 차드 호수는 과거 3년간 원래 면적의

10분의 1로 줄어들었다. 통계에 따르면, 20초마다 한 명씩 전세계의 아이들이 깨끗한 물이 없어서 죽어 간다. 거의 해마다 150만 명이 죽는 셈이다. 그리하여 반기문 총장은 2015년까지 깨끗한 물을 쓰지 못하는 사람의 수가 반으로 줄어들도록 하자는 목표를 제시했다.

수원의 상실뿐 아니라 수질 오염 또한 중요한 문제다. 오염된 물의 유기 물질, 예를 들어 쓰레기나 분뇨는 하천이나 호수의 산소를 없앨 수 있고, 산업용 폐수 속에는 중금속, 기름, 유독성 유기물 및 기타 화합물이 포함되어 있다. 특히 발전소에서 배출하는 냉각 용수는 온도가 매우 높아서 하천과 호수, 바다 생태에 영향을 끼칠 수 있다. 내가 천연자원 문제에서 강조하고 싶은 점은 어떤 천연자원은 다른 자원으로 대체가 가능하지만 적어도 수자원만큼은 아직까지 대체할 방법이 없다는 사실이다.

물 이외에도 천연자원은 중요한 에너지 자원인데, 그중에서도 석탄과 석유는 가장 중요하다. 전 세계의 석탄 소비량은 매년 60억 톤에 이른다. 미국 전력 생산의 90퍼센트, 중국 전력 생산의 80퍼센트가 석탄에 의존한다. 전 세계의 석탄 매장량은 9천억 톤으로 예측되는데, 현재 매년 60억 톤의 석탄을 소비하고 있으므로 앞으로 150년에서 160년 정도 유지될 것으로 보인다. 이와 동시에 석탄 채굴로 인한 생태계 파괴나 석탄 연소로 인한 심각한 대기 오염 문제가 있다. 20세기 중반부터 석유는 대단히 중요한 에너지 자원이 되어, 거의 매일 뉴스에서 우리는 생활에 큰 영향을 미치는 원유 가격이 오르내리는 소식을 들을 수 있다. 현재의 예측에 따르면 40년이나 50년 정도면 지구상에 매장된 석유는 완전히 소모될 것으로 보인다.

또 다른 중요한 천연자원은 삼림과 목재다. 삼림은 지구 육지 총면적의 30퍼센트를 차지하며 수많은 동식물의 생존 환경이기도 하다. 나무는 이산화탄소를 흡수해 산소를 만들어 내며 온도 조절, 방풍에서도 중요한 역할을 한다. 더 중요한 역할은 삼림이 물과 흙을 보존한다는 사실이다. 그러나 자연재해나 인공적인 피해로 인한 손실과 대량 벌목 등으로 인해 삼림 유지는 어려움에 처해 있다. 우리가 자주 사용하는 종이를 예로 들어 보자. 세계적으로 매년 제조되는 종이의 양은 3억 톤에 이르며 1톤의 종이를 만들기 위해서는 2톤에서 4톤에 이르는 목재가 필요하다. 매년 10억 그루의 나무가 쓰러지는 셈이다. 종이를 많이 사용하는 미국, 핀란드, 스웨덴, 프랑스, 스위스 등에서는 매년 1인당 종이 사용량이 평균 200~300킬로그램에 달한다.

환경과 경제를 함께 창조하는 일거양득

지금까지 인류의 지속 가능한 발전과 관련해 이야기한 환경의 변화, 천연자원의 고갈 등의 중요한 문제에서, 소극적인 절제와 회피 외에 과학 연구와 기술의 발전은 우리가 희망을 걸 곳이다. 18세기의 산업 혁명은 현대 자본주의를 이끌었고 물질의 발전을 확대했지만 지구는 그 때문에 참담하고 뼈아픈 대가를 치러야 했다. 자동차, 비행기, 철도, 도로, 고층 건물, 에어컨, 비닐봉지, 건전지 등 이른바 '인공 자본'은 정점에 달해 우리 생활에 수많은 편의와 이익을 제공하고 있다. 반대로 물, 광물, 석유, 토양, 공기 등 인류가 생존에 필요로 하는 '녹색 자본'과 초원, 늪지, 바다, 열대 우림 등 생명체가 의지하는 환경 시스템은 빠른 속도로 감소하고 있다.

그렇긴 하지만 녹색 자본의 감소를 부정적으로 받아들일 필요는 없다. 오히려 '녹색 자본주의'가 다음 세대의 산업 혁명을 가져오리라 긍정적으로 기대할 때다. 이 산업 혁명은 우리를 일거양득의 결과로 이끌어 경제를 더욱 풍요롭게, 생활을 더욱 편리하게, 환경을 더욱 깨끗하고 안전하며 아름답게 만들어 줄 것이다.

태양 에너지, 풍력 발전 및 조수 간만의 차를 이용한 에너지 개발, 연료 전지 등은 모두 에너지 자원 문제를 해결하기 위한 방안이다. 그리고 더욱 가볍고 효율적이며 전지를 사용하는 자동차로 석유를 쓰는 자동차를 대체할 수 있다. 또한 더 효과적으로 추위와 더위, 비바람을 막아 주며 햇빛으로 조명을 대체할 뿐 아니라 태양 에너지를 이용해 냉난방 시스템을 운용하는 녹색 건축을 지을 수도 있다. 물을 절약할 수 있는 세탁기, 식기 세척기, 화장실 등을 만들고 폐수를 처리해 재사용하는 효율적인 시스템을 개발할 수도 있다. 대자연의 환경에 순응하여 목축이나 농수산 생산을 추진할 수도 있다.

이렇게 지속 가능한 발전이 우리 세대에서 다음 세대로 계속 이어지기를 바란다.

지구에 아름다운 미래를 허하라

지속 가능한 발전을 하려면 경제, 사회, 문화 등 각 분야를 하나하나 살펴야 한다.

    과거 오랫동안 우리는 삶의 환경과 삶에 필요한 자원이 전혀 소모되거나 감소하지 않으리라 생각해 왔다. 마치 중국 송나라 문인 소식蘇軾이 「전적벽부」前赤壁賦에서 "가져도 막는 법이 없고, 써도 다하는 법이 없으니. 조물주의 숨겨진 보물은 한이 없구나."라고 말한 것처럼. 인류는 지속 가능한 발전이라는 개념에 아예 주의를 기울이지 않았던 것이다. 그러나 최근 들어 우리는 환경의 오염, 자원의 고갈 등이 지속 가능한 발전에 커다란 충격과 위협을 가져온다는 사실을 알게 되었다.

    먼저 세계 인구 문제를 보면, 현재 전 세계 인구는 66억이며 인구 증가율은 매년 1퍼센트 전후로 2050년에는 92억에 이를 것으로 예측된다. 환경과 자연의 관점에서 전문가들은 전 세계 인구가 80억 정도에 머무는 것이 가장 좋다고 생각한다. 그러나 인구의 증가와 감소는 정책으로 규범화하기 무척 어려우며 장려나 개도에 얼마나 효력이 있는지도 의심스럽다. 공공 기관에서 강제적으로 통제한다면 도덕과 인권의 문제를 일으키게 될 뿐 아니라 이와 연관되는 다른 문제도 발생할 것이다. 예를 들어 한 자녀 정책은 인구 증가율을 억제한다는 목적을 지니지만, 전통적인 남존여비 개념 때문에 심각한 남녀 성비 불균형을 초래할 수 있다. 노인과 청년 인구 비율의 불균형이 일어나기도 하는데, 조부모 세대가 네 사람이면 부모 세대는 두 사람, 자식 세대는 한 사람이 되기 때문이다. 또한 젊은 세대에 대한 지나친 애정으로 인한 양육 문제도 무시할 수 없다. 이는 조부모와 부모 세대 여섯 사람이 한 아이를 양육하는 데서 비롯된다. 설사 한 국가, 한 지역에서 자신들의 상황에 맞게 인구 정책을 제정하고 집행한다 하더라도 전 세계 인구의 증감 문제에 정책을 제정하고 효율적으로 집행할 방법은 없다.

다가오는 고령화 시대

인구수 문제 외에 연령의 분포 또한 지속 가능한 발전에서 매우 중요한 개념이다. 영양 및 위생, 의료 설비의 발전에 따라 인류의 평균 수명은 점차 늘고 있다. 100년 전에는 인류의 평균 수명이 40세에도 이르지 못했지만, 오늘날 세계 인구의 평균 수명은 대략 67세에 이른다. 통계에 따르면, 일본, 싱

가포르, 스위스, 스웨덴과 몇몇 유럽 국가에서는 평균 수명이 80세를 넘어섰으며 미국과 타이완은 77, 78세 안팎이다. 평균 수명이 가장 낮은 국가들의 경우는 여전히 40세 안팎이며 40세 이하인 곳도 있다.

인구의 연령 분포는 점점 변화한다. 경제적으로 여유가 있는 선진국의 경우 평균 수명은 올라가고 출산율은 떨어져 정년을 넘어선 노인 인구가 끊임없이 증가한다. 예를 들어 1950년에는 12명의 경제 활동 인구가 1명의 퇴직 노인을 부양했다. 오늘날에는 9명의 경제 활동 인구가 1명의 퇴직 노인을 부양한다. 이는 사회 복지와 의료 제도에 상당한 부담을 안겨 준다. 반대로 청소년 인구의 감소는 교육 분야 비용의 감소를 가져온다. 그리고 노년 인구는 저금을 늘리고 소비를 줄이는 경향이 있어, 은행의 금리 인하와 나아가 경제 분야의 통화 수축 현상을 야기하기도 한다. 그러나 다른 각도에서 보면 현재 노년 인구의 건강 상태와 경제 조건이 과거에 비해 훨씬 좋아졌기 때문에, 여행, 보건 등 여러 업종에 새로운 기회를 주기도 한다. 그러므로 노년 인구가 언제나 사회의 부담이 되는 것은 아니다. 그들도 건강하고 행복한 삶을 누릴 수 있다. 지속 가능한 발전에는 인구 연령 분포의 변화와 그에 따른 사회 조건의 변화에 적응하고 이를 조절하는 내용도 포함된다.

과거 및 미래의 역사를 조망하건대, 전염병의 근본적인 제거는 줄곧 중요한 분야였고, 이 분야에서 인류는 의학의 진보에 따라 상당한 성과를 거두었으나, 그만큼 전 세계의 협력과 중요성이 부각되었다.

인류 역사에서 천연두는 가장 무시무시한 전염병이었다. 아득한 1만 년 전에 천연두는 이미 인간 사회에 출현했고, 18세기에도 유럽에서만 매년 40만 명이 천연두로 사망했으며, 20세기 중반까지도 지구상에서 매년 천연두로 사망하는 인구수는 몇백만에 이르렀다. 18세기 말에 백신이 개발되어 국가별, 지역별로 백신 접종 계획을 수립하고 발병 지역을 격리시키거나 환자를 치료하는 데 힘쓴 덕분에, 1979년 세계 보건 기구는 천연두가 박멸되었음을 정식으로 선포했다. 이는 전염병 퇴치의 가장 훌륭한 성공 사례다.

소크Jonas Salk가 1952년에 백신 주사를 만들어 내고, 세이빈Albert Sabin이 1961년에 경구 백신을 개발해 소아마비도 오늘날 지구상에서 거의 완전히 사라지게 되었다. 그 밖에 홍역, 말라리아의 소멸 역시 대단한 성과라 할 수 있다. 에이즈는 1980년대에 발견된 전염병으로 HIV라는 바이러스에 감염되어 걸리는 병이다. 오늘날 에이즈의 전염은 상당히 광범할 뿐 아니라 완치를 위한 방법과 백신도 전혀 없다. 2007년 통계에 따르면,

전 세계 3천여만 명이 에이즈에 감염되었으며, 그 가운데 2백만 명 정도가 이 병으로 사망한 것으로 추정된다. 에이즈의 예방과 치료는 21세기 의학의 공공 보건 영역에서 가장 중요한 과제가 될 것이다.

인구 문제에 대해 이야기하자면 인구 이동도 중요한 항목이다. 한 국가 안에서는 도시와 농촌의 인구 분포 차이가 가져오는 문제를 꼽을 수 있다. 도시는 인구가 집중될 뿐 아니라 경제력도 상대적으로 높고 취업 기회도 많은 편이며 교육 수준도 평균적으로 높다. 상대적으로 질 좋은 의료 서비스 설비가 갖추어져 있을 뿐 아니라 생활 수준도 높은 편이다. 그러나 도시는 심각한 교통 체증, 거주 공간의 부족, 대기 및 환경 오염, 생활의 안전 문제 등을 겪는다. 어떻게 도시와 농촌 나름의 특징을 유지할 수 있는가? 어떻게 도시와 농촌 간의 격차를 줄일 수 있는가? 이는 지속 가능한 발전의 과제 가운데 한 가지다.

국가와 국가 사이, 지역과 지역 사이의 인구 이동에는 여행과 출장 등 단기간 이동뿐 아니라 이민과 같은 영구적인 이동도 포함된다. 통계에 따르면, 2005년에는 전 세계적으로 약 2억의 이민이 발생했는데 이는 결코 적은 수가 아니다. 그러나 상대적으로 말하자면 이는 전 세계 인구의 3퍼센트에 불과하다. 다시 말해, 전 세계 인구의 97퍼센트는 그들이 태어난 곳에서 살고 있다. 이민의 원인은 크게 배출 요인과 흡입 요인 두 가지로 나눌 수 있는데, 배출 요인은 원래 살던 국가를 떠나도록 이끄는 요인이며, 흡입 요인은 이주할 국가에서 이주자를 끌어들이는 요인이다. 이러한 요인에는 경제, 교육, 정치, 생활 환경, 문화 요소 등 여러 가지 조건에 대한 고려가 포함된다. 국가 차원에서는 인재의 흡수와 소실의 문제이고, 개인 차원에서는 기회의 추구와 상실의 문제, 환경 적응과 문화 수용 등과 연관되는 수많은 법률, 경제, 문화, 사회 문제를 포함한다.

문제 해결을 기다리는 M형 사회

이제 지속 가능한 발전과 연관되는 몇 가지 경제 문제와 개념에 대해 이야기해 보겠다.

전 세계의 경제 발전은 전체 자산을 끊임없이 확대하고 있지만, 오늘날에도 빈곤한 생활에서 벗어나지 못하는 수많은 사람들이 있다. 세계은행에서는 하루에 1달러 이하의 돈으로 생활하는 것을 절대 빈곤으로 정의했고, 2001년에는 전 세계의 인구 15퍼센트 이상이 절대 빈곤 속에서 살았다. 만약 어떤 사람이 하루를 살기 위해 필요한 비용이 2달러 이하라면 그 사람은 빈곤층에 속한다. 2001년에는 전 세계 인구 40퍼센트 이상이 빈곤층에 속했다. 참으로 놀라운 일이 아닐 수 없다. 오늘날에도 전 세계에서 매년 평균 1천만 명의 어린이가 빈곤으로 사망한다. 한 전문가는 2025년까지 전 세계의 절대 빈곤을 없애는 것을 목표로 세웠다.

절대 빈곤 외에 상대적인 빈부 차이 또한 지속 가능한 발전의 주요 현안이다. 통계학에서 소득 분배를 측정하는 지표로 자주 사용하는 지니 계수는 1912년 이탈리아의 통계학자 지니가 제안한 개념이다. 지니 계수는 0과 1 사이에 표시되는데 0은 소득 분배가 대단히 평등함을 나타내며 1은 소득 분배가 대단히 불평등함을 나타낸다. 몇 가지 예를 들어 보자. 만약 100명의 각 소득이 1원이라면 지니 계수는 0이다. 100명 가운데 50명의 소득이 0이고 나머지 50명의 각 소득이 2원이라면 지니 계수는 0.5가 된다. 만약 100명 가운데 99명의 각 소득이 0이고, 1명의 소득이 100원이라면 지니 계수는 0.99가 된다.

지니 계수가 0에 가까울수록 소득 분배는 평등하며, 지니 계수가 1에 가까울수록 소득 분배는 불평등하다. 전 세계의 국가 중 멕시코와 브라질의 지니 계수가 극단적인 편으로 0.5~0.6이고, 미국도 0.4 전후로 그리 낮지 않다. 일본은 상대적으로 낮은 편이어서 0.35 정도이며, 스웨덴은 더 낮아서 0.33 정도다. 타이완은 1965년 무렵에는 0.32 전후였다가 이후 10여 년간 0.3 이하로 떨어졌는데 최근 다시 0.34 정도로 올라갔다. 중국은 이미 0.45로 상승했다.

이론적으로 평균 소득과 소득 분배의 평등은 서로 독립된 지표다. 만약 평균 소득이 높아 모두가 잘살 수 있다면, 비교적 불평등한 소득 분배도 쉽게 받아들여진다. 평균 소득이 낮은 데다 빈부 격차도 비교적 크다면 사회는 쉽게 불안해진다. 중국 당나라 시인 두보杜甫의 시구 "붉은 대문 저택마다 술과 안주 내음 코를 찌르나, 길에는 얼어 죽은 뼈다귀가 널려 있구나."는 바로 M형 사회의 소득 불평등, 다시 말해 불공정한 현상을 묘사한 것이다.

미래 사회의 경제 발전에서 또 하나 흥미롭고 중요한 개념은 '마이크로 크레디트', 즉 '무담보 소액 대출'이다. 자금이 필요하지만 담보도 없고 반드시 갚을 수 있다는 보장도 없는 사람들에게 돈을 빌려주는 것을 말한다. 2006년 노벨 평화상을 받은 무함마드 유누스의 이야기가 좋은 사례다. 유누스는 방글라데시의 은행가이자 경제학자로 방글라데시에서 성장했으며 미국에서 경제학 박사 학위를 취득한 뒤 방글라데시로 돌아갔다. 1970년대에 그는 방글라데시에서 여성들이 생업에 종사하고 싶어도 최소한의 자금을 마련하지 못하는 모습을 보고 42명의 여성에게 27달러를 빌려주고 그들이 필요한 재료를 사서 죽세공품을 만들 수 있도록 했다. 그들은 평균 2센트를 겨우 버는 사람들이었다. 이는 매우 훌륭한 사례다. 일반적으로 은행은 거액의 자금을 믿을 만한 대기업, 규모가 큰 회사에 대출해 주려 한다. 은행은 소액의 자금을 아무것도 없는 가난한 여성에게 대출해 주고자 하지 않는다. 유누스의 생각과 방식은 큰 성공을 거두었다. 그가 세운 은행은 2007년에 64억 달러를 7백여만 명의 채무자에게 빌려주었고, 이로 인해 그는 2006년에 노벨 평화상을 받았다. 유누스의 사례는 모범이 되었고, 100여 개 국가에서 이를 모방하는 정책을 펼쳤다. 그의 생각은 특히 가난한 여성들이 스스로 창업해 자신들의 경제적 지위를 높이는 데 큰 도움을 주었다. 유누스에 대해 더 알고 싶은 사람은 『가난한 사람들을 위한 은행가』를 읽어보기 바란다.

경제력이 없는 사람들에게 자본을 빌려주고 창업을 돕는 일은 중국에서도 예부터 있어 온 일이다. 표회標會라든지 합회

合會 등에 대해서는 모두 들어 본 일이 있을 것이다. 이는 친척이나 친구들이 모여 힘을 합치는 것으로 매월 많지 않은 회비를 내고 당장 목돈이 필요한 몇 사람을 먼저 도와주는 것이다. 물론 합회는 모두의 신용에 의지한다. 그러지 않으면 모임이 거꾸러지기 때문이다. 사실 유누스의 무담보 소액 대출 방식에도 연좌 개념이 있다. 몇몇 채무자가 서로 연계해 일정액의 상환을 상호 보장하는 것이다.

네덜란드 병의 충격을 피하기 위해

경제 발전에서 또 다른 흥미로운 개념은 이른바 '네덜란드 병'을 예방하는 것이다. '네덜란드 병'은 우선 좁은 의미에서 한 국가가 가치 있는 새 천연자원을 발견해 갑작스럽게 국가 수입이 증가하면 오히려 제조업이 쇠퇴한다는 사실을 가리킨다. 넓은 의미로는 천연자원의 수입 또는 외부 원조나 국외 투자의 갑작스런 증가로 산업이나 기업의 변화가 야기되는 것, 나아가 더 넓게는 산업과 기업 사이의 변화를 야기하고 그 흥망성쇠의 원인이 되는 것을 말한다.

'네덜란드 병'이라는 용어는 1950~1960년대에 기원을 둔다. 네덜란드는 북해에서 대량의 천연가스를 발견했고 이 천연가스로 거액의 자산을 확보했다. 그러나 이로 인해 네덜란드의 전체 경제는 오히려 부정적인 영향을 입게 되었다. 먼저 천연가스의 채굴에는 인력과 자금이 필요하기 때문에, 제조업과 같은 다른 산업에 투자할 인력과 자금이 줄어들 수밖에 없었다. 다음으로 자산의 증가로 서비스 산업 같은 비제조업 소비 산업이 발달하면서 인력과 자금이 이러한 직종으로도 옮겨 갔다. 게다가 대량의 자금이 유입되어 통화 가치가 상승한 탓에 제조업 등 대외 수출 산업의 경쟁력이 약화되었다.

'네덜란드 병'에는 한 가지 예만 있는 것이 아니다. 최근 석유 가격의 상승은 수많은 중동 산유국의 농업과 제조업에 타격을 주었다. 1970년대 말, 커피 가격의 상승은 콜롬비아와 같은 커피 생산국에서 전통적인 수출 산업의 쇠퇴를 야기했다. 최근 6~7년 사이에 마카오의 도박 산업이 급격히 성장하면서 서비스 업종 분야의 인력 수요가 대량으로 늘었지만, 이는 하이테크놀로지 산업과 제조업을 억압하는 효과를 가져왔다. 타이완은 전통적인 농업에서 제조업으로, 다시 전자 산업으로 변화하는 과정에서 '네덜란드 병'과 유사한 충격을 여러 차례 받았다.

국가 자산의 증가는 종종 하늘이 내려 준 선물이지만, 이처럼 증가한 자산을 어떻게 잘 운용해 부정적인 영향을 피할 것이냐 하는 것은 경제 정책의 문제이다. 천연자원은 언젠가 소진되기 마련이고 신흥 산업 또한 언젠가는 쇠퇴하게 된다. 어떻게 갑자기 늘어난 자원을 잘 활용하여 미래의 새로운 산업을 발전시킬지 계획하고 국가 경제와 국민의 생활을 도모할 것인가? 어떻게 전통 산업이 입게 될 부정적인 타격을 줄이고 화폐 가치의 문제를 해결할 것인가? 이는 미래의 경제 환경에서 언제나 주의를 필요로 하는 과제다.

지금까지 인류 사회의 미래를 이야기하면서 지속 가능한 발전을 위한 환경, 자원, 인구, 경제 문제 및 그에 대한 도전들을 짚어 봤다. 이 문제들을 비관적으로 바라볼 필요는 없다. 자신감을 가지고 문제와 도전을 똑바로 마주한다면 지속 가능한 발전이라는 목표를 달성할 수 있을 것이다.

균형은 무척 중요하다

결혼이나 취업, 옷을 사거나 차를 파는 일 등은 모두 게임 이론과 큰 연관이 있다.

::

'게임 이론'은 응용수학, 경제학, 경영학, 사회과학, 심리학 등의 영역과 밀접하게 연관된다. 여기에서는 지나치게 많은 이야기를 할 수 없으므로 기본 개념과 관련된 흥미로운 몇 가지 사례만을 언급하고자 한다.

백화점 두 곳이 시장에서 서로 경쟁한다고 치자. A사는 가격 인하, 광고비 증대, 직원 서비스 개선이라는 세 가지 전략을 추진하고, B사는 가격 인하, 스타 마케팅, 개점 시간 연장, 새로운 디스플레이라는 네 가지 전략을 추진한다. 두 회사가 각각 한 가지 전략만 선택할 수 있다면, 두 회사가 서로 다른 선택을 확정하고 난 다음에는 기존의 자료로 이 두 가지 전략을 서로 비교하여 어느 쪽이 우세한지, 얼마나 우세한지 예측할 수 있다. 이는 영업 수익 계산으로 판단이 가능하다. 그러므로 이를 통해 A사는 B사가 어떤 전략을 선택할지 예측하고 평가할 것이며, B사는 A사가 어떤 전략을 선택할지 예측하고 평가할 것이다. 여기에는 심리전과 스파이 활동이 포함되며, 나아가 점술로 결정되는 경우도 있다. 그러나 적절한 모델을 설정한다면 수학 분석도 큰 도움이 된다. 그리고 이것이 바로 게임 이론에서 다루는 내용이다.

게임 이론 분야의 창시자는 과학계에서 대단히 유명한 인물인 폰 노이만이다. 그는 헝가리에서 태어나 미국으로 이민했는데 많은 사람이 그를 '20세기에 가장 똑똑한 과학자'라 부른다. 물론 이 말은 이제 증명할 방법이 없지만 여전히 상당한 무게를 지닌다. 왜냐하면 1938년에 그와 함께 프린스턴 고등 연구소에 있었던 물리학자 아인슈타인, 수학자 괴델이 세상이 깜짝 놀랄 만한 공헌을 했기 때문이다. 폰 노이만은 6세 때부터 천재성을 드러냈으며, 이후 수학, 양자 역학, 컴퓨터 과학, 원자 폭탄 개발과 게임 이론 분야에서 매우 큰 공헌을 했다. 아쉽게도 그는 골수암으로 54세의 나이에 아까운 생을 마감했다.

수학이 산출해 낸 최고의 전략

노이만은 1944년 『게임 이론과 경제 활동』Theory of Games and Economic Behavior이라는 책을 출간했다. 이 책은 수많은 경쟁, 협력, 전략적 동맹 등을 포함하는 경제 활동을 게임 이론의 수학 모델로 드러내 상당한 수학적 성과를 거두었다. 처음에는 수학 모델이 실제로 유용한지 의심을 품는 사람도 많았지만, 1994년과 2005년 노벨 경제학상이 모두 게임 이론 연구에 주어진 걸 보면 이 이론을 많은 사람이 중시하고 있음을 알 수 있다. 1994년 노벨상 수상자 가운데 한 사람인 존 내시는 많은 사람이 본 영화 『뷰티풀 마인드』에 나오는데, 이 영화는 내시의 일생을 매우 감동적으로 풀어내었다.

간단한 방법을 통해 게임 이론의 가장 기초적인 개념과 성과를 알아보자. 앞에서 A, B 두 백화점이 하나의 시장에서 경쟁하는 상황을 예로 들었는데, 두 회사의 마케팅 매니저가 전략을 골라 실행하려고 할 때 A사의 사장이 마케팅 매니저를 사무실로 불러 "B사의 전략이 그런 줄 알았으면, 자네는 다른 전략을 취했어야 하는 게 아닌가!"라고 꾸짖고, B사의 사장도 마케팅 매니저를 사무실로 불러 "A사의 전략이 그런 줄 알았으면, 자네는 당연히 또 다른 전략을 취했어야지!"라고 꾸짖었다고 하자. 질책을 당한 두 마케팅 매니저는 어쩔 수 없이 서둘러 다음 달의 전략을 수정하려고 할 것이다.

그러나 또 다른 가능성도 있다. 두 회사가 선택한 전략을 실행하려고 할 때, A사의 사장이 마케팅 매니저의 어깨를 두드리며 이렇게 말하는 것이다. "자네의 대학 전공이 재무금융

쪽인 것이 확실히 도움이 되는구먼. B사에서 벌써 마케팅 전략을 세운 상황에서 자네의 결정은 최선이었다고 생각하네." B사의 사장도 그의 마케팅 매니저를 이렇게 칭찬할 수 있다. "자네가 대학에서 회계재무 과정을 밟은 건 정말 잘한 일이야. A사가 마케팅 전략을 세운 상황에서 그런 전략을 선택하다니. 정말 최고로군."

이를 게임 이론에서는 '내시 균형'이라 부르며 여기에서 상대의 전략은 '최선의 전략'이 된다. 여기서 두 회사의 마케팅 매니저가 어딘가에서 비밀리에 만나 먼저 전략을 상의했다고 오해해서는 안 된다. 서로가 시장 경쟁의 수학 모델을 알고 있을 때, 각각의 회사가 어떤 전략을 선택해야 균형에 도달할 수 있는지는 수학으로 계산할 수 있다.

또 다른 예를 들어보자. A사에 실행 가능한 두 가지 전략 1안과 2안이 있고, B사에도 실행 가능한 두 가지 전략 1안과 2안이 있다고 하자. A사가 1안을 선택했을 때 B사가 1안을 선택하면 A사가 2달러를 벌어들이고, B사가 2안을 선택하면 A사가 3달러를 벌어들일 수 있다. A사가 2안을 선택했을 때 B사가 1안을 선택하면 A사는 1달러를 벌 수 있고, B사가 2안을 선택하면 A사는 4달러를 벌어들일 수 있다. 이렇게 서로 다른 전략의 배치에 따라 A사는 B사보다 3달러, 2달러, 1달러,

4달러 더 많은 이익을 남길 수 있다. 이 수학 모델에서 A사는 자신의 전략을 선택하고 B사도 자신의 전략을 선택하면 그것이 이 경쟁의 '균형'점이다. 누구든 종이에 직접 써서 시험해 보면 이 사실을 검증할 수 있을 것이다.

그러면 어떤 상황에서 경쟁이 균형점에 도달하는가? 어떤 상황에서 경쟁이 균형점에 도달할 수 없는가? 이것이 노이만의 게임 이론이라는 놀라운 분야에서 가장 중요한 문제이며, 내시는 이와 관련한 연구로 나중에 노벨 경제학상을 수상했다. 물론 여기서 그 문제들을 자세히 논할 수는 없다. 게임 이론과 관련한 책을 읽어 보기를 권한다.

하지만 나는 끊임없이 학생들의 호기심을 자극하는 못된 버릇이 있다. A사와 B사에 제각기 두 가지 전략이 있다고 했던 앞의 사례에서, A사가 벌 수 있는 돈이 2, 3, 1, 4달러에서 1억, -1, -10, 1달러로 달라진다고 해 보자. A사가 1안을 선택했을 때 B사가 1안을 선택하면 A사는 1억 달러를 벌게 되고, B사가 2안을 선택하면 A사는 1달러를 손해 보게 된다. A사가 2안을 선택했을 때 B사가 1안을 선택하면 A사는 10달러를 손해 보고, B사가 2안을 선택하면 1달러를 벌게 된다. 이런 상황에서 언뜻 생각하면 B사의 마케팅 매니저는 결코 전략 1안을 선택하지 않을 것처럼 보인다. A사에서 1억 달러를 더 벌 가능성이 있기 때문이다. 그러나 B사가 죽기로 들면서 2안을 고수한다면, A사의 마케팅 매니저도 2안을 고수할 수밖에 없다. 그러면 A사는 적어도 1달러를 안전하게 벌 수 있는데 달리 어쩌겠는가? 이 문제는 또 다른 새로운 개념들을 끌어들이기는 하지만, 이 경우에도 문제의 균형점은 찾을 수 있다.

이해득실은 사람의 마음에 달렸다

사실 균형이라는 개념은 두 백화점의 경쟁에만 있거나 수학 혹은 경제학에만 국한되는 것도 아니다. 우리의 삶에서 균형은 곧 원망이나 후회를 남기지 않는 최선의 선택을 가리킨다. 어떤 결혼식에서 신랑이 신부에게 말한다. "나 같은 외모로 당신처럼 아름다운 아내를 얻었으니 나는 정말 여한이 없소." 신부가 신랑에게 말한다. "나 같은 몸매로 당신처럼 헌칠하고 멋진 남편을 얻었으니 나야말로 더 바랄 것이 없어요." 이것이 바로 균형이다. 이 신혼부부는 이러한 균형의 기반에서 한마음으로 새로운 가정을 이룩할 것이다. 엔지니어가 일을 찾거나 회사에서 엔지니어를 필요로 할 때도 이러한 균형점을 찾을 수 있다. 협력이나 경쟁의 환경에서도 균형은 윈윈의 결과를 불러온다. 한쪽의 마음에만 드는 결정, 상대방의 이익과 지능 등을 고려하지 않고 내린 결론은 종종 아주 나쁜 결정이 된다.

물론 삶에는 수많은 사례가 있어서 수학 모델만으로는 분석할 수 없으며, 심리 상태나 시간적인 요소도 결정에 영향을 준다.

어떤 사람이 오래된 차를 팔려고 하고, 동료가 이 차를 사려고 한다. 이 차의 가격을 결정하기 위해 차를 팔려는 사람이 중고차 매장에 가자 딜러가 이렇게 말한다. "만약 그 차를 나에게 판다면 8만 달러를 드리죠." 이번에는 차를 사려는 사람이 중고차 매장에 가자 딜러가 이렇게 말했다. "만약 그런 차를 내게서 산다면 9만 달러를 주셔야 합니다." 그렇다면 합리적인 가격은 8만에서 9만 달러 사이가 될 것이고 8만 5천 달러가 적당할 수 있다. 그러나 차를 사는 사람이 이렇게 말할수도 있다. "중고차 매장에서 이 차를 사면 8만밖에 주지 않을 테니, 나한테 8만 1천 달러에 팔아도 자네는 돈을 버는 셈이지." 차를 파는 사람은 이렇게 말할 수 있다. "중고차 매장에서 이런 차를 사려면 9만 달러는 줘야 할 테니, 나한테 8만

9천 달러에 사도 자네는 돈을 버는 거야." 이 문제는 어떻게 해결하면 좋을까? 두 사람 가운데 어느 쪽이 더 급하게 팔고 더 급하게 사야 하는지에 따라, 또 어느 쪽이 비교적 '원칙'을 고수하느냐 아니면 떼를 쓰느냐에 따라 답은 달라질 수 있다.

어떤 사장에게 두 사람의 비서, 즉 수석 비서와 일반 비서가 있다고 하자. 사장이 수석 비서에게 말했다. "선택해 보게. 나는 자네에게 4천 달러의 보너스를 줄 수도 있고, 자네와 자네 동료에게 총 6천 달러의 보너스를 줄 수도 있네. 다만 자네 두 사람이 함께 동의해서 이 6천 달러를 나눌 방법을 찾아야 할 게야." 물론 수석 비서는 자신이 4천 달러를 받겠다고 해서 자신의 동료와 협상하는 골치 아픈 일을 피할 수 있다. 그러나 수석 비서는 이렇게 말할 수도 있다. "저는 6천 달러를 받는 쪽을 선택하겠습니다. 그런 뒤에 제가 4천 달러를 갖고, 동료에게 2천 달러를 주겠어요." 일반 비서는 이렇게 2천 달러를 거저 받을 수 있다. 그러나 수석 비서는 이렇게 생각할 수도 있다. '이건 불공평해. 내가 6천 달러를 받겠다고 했으니, 내가 5천 달러를 받고 동료에게는 1천 달러만 주는 게 맞지. 이 1천 달러는 하늘에서 떨어진 거니까. 내가 이런 선택을 하지 않았다면, 동료는 아무것도 받지 못했을걸?' 그러나 일반 비서 또한 이렇게 말할 수 있다. "네가 4천 1달러를 갖고, 나한테 1,999달러를 주는 것도 합리적이지. 내 덕에 1달러를 더 받을 수 있잖아." 직원을 거느리고 있는 고용주라면 이런 실험을 한번 해 볼 만하다. 가장 자주 보이는 결정은 두 사람의 비서가 3천 달러씩 나눠 가진 뒤 서로 잘 지내는 것이다. 수석 비서는 선물을 한 셈이 되고 일반 비서는 덕을 본 셈이 된다. 이 사례는 여러 상황에서 인정이 결정에 중요한 요소로 작용한다는 사실을 입증한다.

경제학 수업에서 어떤 교수가 100달러짜리 지폐를 꺼내 경매를 하겠다며 가장 높은 값을 부르는 사람에게 그것을 주겠다고 했다. 그러나 교수는 두 번째로 높은 값을 부르는 사람은 지폐를 받지 못할 뿐 아니라, 자기가 부른 값의 돈을 내야 한다는 조건을 붙였다. 예를 들어 한 학생이 10달러를 부르고 다른 학생이 20달러를 불렀는데 더 이상 값을 부르는 학생이 없다면, 두 번째 학생은 20달러로 그 100달러짜리 지폐를 얻고 첫 번째 학생은 100달러짜리 지폐를 얻지 못할 뿐 아니라 10달러를 손해 보게 되는 것이다. 이것은 매우 재미있는 실험이다. 모두 지폐에 눈독을 들일 것이기 때문에, 가격이 20달러에서 그치기는 그다지 쉽지 않다. 20달러로 100달러를 살 수 있다면, 30달러는 왜 안 되겠는가? 잊지 말아야 할 것은 20달러를 부른 학생이 그 20달러를 잃을 수도 있다는 사실이다. 경매가가 90달러까지 올라갔을 때, 99달러를 부르는 사람이 없을 것이라고 장담할 수 있는가? 99달러를 불렀을 때 누군가 101달러로 100달러 지폐를 사겠다는 사람이 있다면? 이 경매는 후반에 이르면 가장 높은 값을 부르는 사람과 그다음 값을 부르는 사람의 심리에 달려 있다. 누가 자금을 더 많이 가졌는가, 누가 승부욕이 더 강한가, 누가 더 보수적인가, 누가 더 빨리 포기하는가 하는 것 말이다. 여러 실험에서 100달러짜리 지폐는 종종 300달러에서 500달러에 팔리기도 한다.

누군가 이를 가리켜 심술궂은 교수들이나 생각해 낼 법한 장난이라고, 누가 이렇게 황당한 경매를 하겠느냐고 말할지도 모른다. 그러나 실제로 우리는 삶에서 종종 이런 일들과 마주친다. 시외 전화를 걸어 회사의 누군가를 찾는다고 하자. 대표 전화에서 돌려 준 전화가 신호만 간다면 여러분은 기다리겠는가, 기다리지 않겠는가? 기다린다면 얼마나 기다리다 포기하겠는가? 계속 기다리기로 한다면, 기다리는 시간이 길어질수록 시외 전화 요금도 높아질 것이다. 그러면 그런 비용을 지불할 만큼 이 통화에 가치가 있는지를 따져 보게 된다. 하지만 중도에서 포기한다면 이미 지불한 비용은 그냥 사라지고 만다. 놀이동산에 가서 어떤 놀이 기구 앞에 줄을 서서 기다릴 때, 그 줄이 무척 길고 이동도 매우 느리다면 끝까지 그 줄에서 있을 것인가, 아니면 도중에 포기할 것인가?

잠깐 100달러짜리 지폐 경매를 다시 얘기하자면, 만약 경매에 참여하는 사람들이 지닌 자금이 무한대라면, 사실은 합리적인 전략을 세울 수 있다. 그렇지만 여기서는 더 깊이 들어가지 않겠다.

이 몇 가지 예를 수많은 실제와 가상의 상황에서 수학, 논리, 추리, 심리, 인정 등 각도로 살펴보면 매우 유용하고 흥미로운 결과를 얻을 수 있다. 『손자병법』에 이런 말이 있다. "계산을 많이 하면 이기고, 계산을 적게 하면 이기지 못한다. 하물며 계산을 하지 않으면 어떠하겠는가?" 이 말은 여러모로 고려하고 따져 봐야 승산이 높아지고, 제대로 고려하거나 따져 보지 않으면 이길 수 없으며, 아예 고려하거나 따지지 않으면 그대로 무너지는 수밖에 없다는 뜻이다.

어떤 결정을 하든지 최선의 균형점을 찾는 것이 중요하다.

죄수의 딜레마

우리는 결정을 내리면서 전적으로 이성에 의지해 수학적인 모델을 이용하지만, 때로는 직관이나 정의감에 기울기도 한다.

::

　게임 이론 가운데 유명한 사례로 '죄수의 딜레마'가 있다. 경찰이 두 사람의 절도 용의자를 잡았다면 용의자는 묵비권을 행사하거나 자백을 할 수 있다. 두 사람의 용의자가 모두 묵비권을 행사한다면, 그들은 각기 6개월 동안 감옥에서 형을 살게 된다. 두 사람 모두 자백한다면, 각각 2년 동안 형을 살아야 한다. 한 사람이 묵비권을 행사하고 다른 한 명은 사실대로 자백한다면, 묵비권을 행사한 쪽은 5년, 자백한 공범은 석방될 수 있다. 물론 두 사람의 용의자에게 공모할 기회는 주어지지 않는다. 이들은 과연 어떤 선택을 할 것인가?

　만약 용의자 가운데 한 사람이 묵비권을 고집한다면, 가장 좋은 것은 다른 한 사람도 묵비권을 고집하는 것이다. 가장 나쁜 것은 다른 한 사람이 사실대로 자백하는 것이다. 그러면 묵비권을 행사한 쪽은 어쩔 수 없이 5년 동안 옥살이를 해야 한다. 만약 용의자 한 사람이 사실대로 자백하기로 했다면, 자백한 사람 입장에서 가장 좋은 것은 다른 한 사람이 묵비권을 고집하는 것이고, 가장 나쁜 것은 다른 한 쪽도 자백하기로 하는 것이다. 그러면 그는 2년 동안 옥살이를 하게 된다. 이 두 가지 선택을 두고 용의자는 가장 나쁜 가능성 두 가지, 즉 5년 형을 살지, 2년 형을 살지를 비교하여, 사실대로 자백하는 쪽을 선택하게 된다. 다른 용의자도 같은 분석을 거쳐 사실대로 자백하는 쪽을 선택할 것이다. 그래서 그들은 각각 2년씩 옥살이를 하게 되는 것이다. 두 절도 용의자의 이 선택은 논리적인 결정이다. 서로 다른 선택과 맞닥뜨리면, 우리는 가장 나쁜 결과를 예측하고 그 가운데 그나마 손실이 작은 쪽을 선택하게 된다. 게임 이론의 이른바 맥시민maximin과 미니맥스minimax의 개념도 이와 같다.

　게임 이론에서 이들 두 사람의 선택 역시 '균형점'으로 설명할 수 있다. 어떤 용의자가 또 다른 용의자의 선택을 알게 되었을 때라도 그는 후회하지 않을 것이다. 그가 자신의 선택을 바꾼다면 오히려 결과가 더 끔찍해질 것이기 때문이다. 물론 두 사람이 동시에 묵비권을 행사한다면, 두 사람 모두 6개월만 옥살이를 하면 된다. 두 사람이 옥살이하는 기간을 다 합쳐 보면, 이것이 가장 좋은 결과라 할 수 있다. 그러나 두 사람에게 공모할 기회가 없고 서로 믿을 수 없는 상황이라면, 이들 용의자 각각이 감히 묵비권을 고집하는 선택을 할 리가 없다.

이성적 선택과 감정적 선택

현실의 삶에서도 이와 같은 사례가 많다. 군비 경쟁을 하는 두 나라는 군비 확충에 대대적인 자금을 투입할 수도 있고, 반대로 군비 확충에 자금을 투입하지 않을 수도 있다. 만약 한쪽이 많은 자금을 군비에 투입하고, 다른 쪽은 군비에 자금을 투입하지 않는다면, 군비에 자금을 투입하지 않은 나라가 입을 후환은 차마 상상할 수 없다. 앞의 분석에 근거해, 설사 두 나라가 모두 군비 확충에 자금을 투입하지 않는 편이 훨씬 더 좋은 결과를 낳으리라는 사실에 동의한다 하더라도, 두 국가의 정책은 대규모 군비 확충으로 나아갈 것이다.

또 다른 사례로 두 담배 회사에서 광고비에 큰 비용을 투자할지 결정하는 문제를 꼽을 수 있다. 만약 한쪽 회사에서 광고비에 대규모 투자를 하는데 다른 회사에서는 광고비 투자를 아까워한다면, 이 회사는 시장에서 큰 손실을 볼 것이다. 앞서의 분석에 따르면, 설사 양쪽 회사에서 광고비에 투자를 하지 않는 편이 서로 이익이 된다는 사실에 동의한다 하더라도, 두 회사는 광고비에 더 많이 투자하기로 결정하게 될 것이다. 이 또한 균형점이다.

내가 말하려는 두 번째 사례는 '최후통첩 게임'이다. 이 게임에서 10달러를 A라는 사람에게 준다. A는 이 10달러의 일부를 B에게 나눠 줘야 한다. 예를 들어 A가 10달러 가운데 3달러를 B에게 주었는데 B가 이를 받아들이면 그는 B는 3달러를 갖고 A는 7달러를 갖게 된다. 만약 B가 동의하지 않으면 10달러는 모두 회수되어 A와 B는 아무것도 얻을 수 없다. 문제는 A가 B에게 도대체 얼마를 나눠 줄 것이냐에 있다. 계산을 아주 잘하는 사람이라면 이런 답을 할 것이다. "A는 B에게 1센트를 주고 자신이 9달러 99센트를 가질 것이다." B가 이성적인 사람이라면 이 제안에 동의할 것이다. 동의하면 그는 1센트라도 받을 수 있지만 동의하지 않으면 1센트조차 얻지 못할 것이기 때문이다. 동의하지 않는다는 행위는 전혀 의미가 없다.

그러나 만약 심리학을 조금이라도 이해하는 사람이라면 이 제안이 받아들여지지 않을지도 모른다고 말할 수도 있다. B가 이렇게 생각할 수 있기 때문이다. '왜 A가 그처럼 많은 몫을 챙기는데? 10달러인데 왜 나한테는 1센트밖에 안 주지? 이건 모욕이야. 아예 둘 다 아무것도 받지 못하는 편이 낫겠어.'

현실의 삶에도 '최후통첩 게임'과 같은 사례가 많다. 판매인 A가 기계 한 대를 팔 때마다 100달러의 판매 수수료를 번다고 하자. B는 기계 한 대를 살 때마다 A에게 고정 금액으로 일정액을 할인받고자 하는데 이 액수에는 협상의 여지가 없다고 하자. A가 30달러를 할인해 준다고 할 때 B가 이를 수락하면 B는 30달러를, A는 70달러를 갖게 된다. B가 거절하면 거래가 성립되지 않으므로 A도 수수료를 벌 수 없고 B도 할인을 받을 수 없다. 장삿속으로 따졌을 때 A는 B에게 30달러나 할인해 줄 수 있을까? A가 50달러 혹은 80달러를 할인해 줄 가능성은 있을까? 물론 이 문제에는 다른 요소에도 결부된다. A의 입장에서 이 기계를 파는 것이 그의 업무 실적에 얼마나 영향을 주는가? 판매 수수료 100달러는 그에게 얼마나 중요한가? B와 좋은 관계를 맺는 것이 그에게는 어떤 이익이 있는가? 이 모두가 고려의 대상이 된다.

당신은 어떤 선택을 할 것인가?

또 다른 사례로 백화점 할인 판매를 들 수 있다. '최후통첩 게임'에서 백화점의 할인 판매는 이렇게 볼 수 있다. 백화점의 10퍼센트 할인은 백화점에서 10달러 가운데 1달러를 고객에서 돌려주고자 하는데, 만약 고객이 받아들이면 백화점은 9달러를 버는 것이고 고객은 1달러를 남기는 것이다. 고객이 받아들이지 않으면, 백화점은 돈을 벌 수 없고 고객은 돈을 아낄 수 없게 된다. 그러면 도대체 어떻게 할인을 해야 하는가? 여기에도 다양한 고려가 필요하다. 여름 대규모 바겐세일에 나는 백화점의 어떤 의류 매장을 찾았다. 점원이 내게 40퍼센트까지 할인을 해 주겠다고 했다. 1개월을 더 기다린다면 나는 그 상품을 50퍼센트 가격에 살 수 있을지도 모른다. 그러나 내가 원하는 치수가 남아 있지 않을 수도 있다. 결국 나는 그 옷을 샀다. 내가 60퍼센트 가격에 샀을까, 아니면 50퍼센트 가격에 샀을까?

이보다 다소 복잡한 '최후통첩 게임'의 사례도 있다. 어떤 사장이 그의 부장에게 한 가지 선택을 제안했다. 사장은 그에게 100달러를 줄 수도 있고 150달러를 줄 수도 있지만, 150달러를 받는 경우에 그는 그 돈을 다른 부장과 '최후통첩 게임'의 규칙에 따라 나눠야 한다. 이 부장은 과연 어떤 선택을 할까? 당신이 그 사람이라면 어떤 선택을 하겠는가?

앞의 두 가지 경제학의 게임은 경제학 개념과 현상을 설명하는 데 자주 인용된다. 그 밖에 '공공재 게임'이 있다. 네 사람이 각각 10달러를 가지고 있다. 그들은 이 돈을 함께 투자하기로 했고 손해는 보지 않는다는 확신이 있다. 예를 들어 확실히 투자금을 2배로 불릴 수 있다고 하자. 투자 이후에는 투자금에 따라 이익을 배당해 네 사람이 나누기로 했다. 만약 네 사람이 모두 10달러씩 내놓았다면 모두 40달러가 될 것이고, 투자의 결과로 80달러를 벌면 이를 네 사람이 똑같이 나눠 각각 20달러씩 배당받을 수 있다. 만약 각각 3달러만 투자를 했다면, 투자금은 모두 12달러이고 투자의 결과로 24달러를 벌어 투자자는 각각 6달러를 벌게 된다. 투자하지 않고 남겨뒀던 원래의 7달러를 여기에 더하면 이들이 각각 가진 돈은 13달러가 된다. 만약 이들 각자가 투자한 액수가 모두 같지 않고 미리 협상을 하지 않은 상황에서 투자 결과로 얻은 이익을 똑같이 나누어야 한다면? 예를 들어 두 사람은 5달러를 내놓고 두 사람은 아예 투자하지 않았더라도 투자의 결과로 돈은 20달러가 될 것이고 네 사람에게 각기 배당되는 돈은 5달러가 된다. 앞의 두 사람은 5달러를 투자했는데 5달러를 받아 모두 10달러를 갖게 되고, 뒤의 두 사람은 전혀 투자하지 않고도 5달러를 얻었으므로 15달러를 갖게 된다. 한번 계산해 보자. 네 사람 중 한 사람만 7달러를 투자하고 나머지 사람은 각각 1달러를 투자했다면, 결과적으로 첫 번째 사람은 결국 8달러만 갖게 되어 밑천까지 손해를 본다.

이 게임에서 투자는 벌어들이기만 하고 손해를 보지 않기 때문에 절대적으로 좋은 일이다. 그래서 가장 이상적인 전략은 모든 사람이 자신이 가진 전부를 투자하는 것이다. 그렇게 하면 전체 자산은 최대로 늘어난다. 그러나 개인의 관점에서는 반드시 그렇다고 볼 수 없다. 한 사람이 다소 많은 투자를 했다고 해서 그 결과로 그의 총자산도 크게 는다고 할 수는 없다. 오히려 손해를 볼 수도 있다. 투자를 적게 했거나 아예 투자를 하지 않은 사람이 결과적으로 더 많은 돈을 벌 수 있기 때문이다. 앞서의 사례에서 모든 사람이 자신의 10달러를 모두 투자하는 경우 이들은 결과적으로 20달러를 갖게 된다. 그런데 이들 가운데 세 사람은 10달러를 투자했는데 나머지 한 사람은 한 푼도 투자하지 않은 경우, 투자금 분배에서 그는 15달러를 받게 된다. 원래의 10달러를 여기에 합치면 그가 갖는 총액은 25달러다. 그래서 각 개인이 어떻게 하느냐의 문제가 흥미진진해진다. 공동 투자에 어떤 식으로 참여할 것인가? 공동 자산의 증가라는 측면에서 보면, 모든 사람이 전액을 투자해야 한다. 개인의 이익이라는 측면에서 보면, 내가 투자하고 누군가 투자하지 않으면 나의 손해요, 내가 투자하지 않았는데 누군가 투자하면 나의 이익이다.

이기심과 공익의 균형

이 게임은 경제학의 어떤 현상과 개념을 보여 주는가? 모든 사람이 서로 다른 대가를 치르면서 공통된 공공의 이익을 목표로 추구하되 그 공통된 공공의 이익을 모두가 평균적으로 향유하는 것을 가리킨다. 예컨대 모든 사람이 납부하는 세금은 다르지만 누구나 공공의 공원, 명승지, 공공시설 등을 사용할 수 있다. 어떤 사람은 자선 활동에 많은 돈을 기부하고, 어떤 사람은 조금 덜 기부하고, 어떤 사람은 아예 기부하지 않지만, 자선 활동은 사회 전체의 복리를 위한 것이다. 어떤 사람은 좋은 텔레비전 프로그램을 제작하는 데 투자하거나 무선 텔레비전 방송을 지원할 수도 있고, 이 좋은 텔레비전 프로그램을 모든 사람이 무료로 감상할 수 있다. 어떤 나라에서 대중교통 시설에 무임승차를 해도 쉽게 잡히지 않는다면 여러분은 표를 살 것인가, 사지 않을 것인가? 만약 아무도 표를 사지 않는다면 대중교통 시스템은 유지되지 못할 것이다. 선거가 있으면 사람들은 모두 표 한 장이 선거 결과에 영향을 미칠 수 있는지 생각한다. 그렇다면 여러분은 투표하러 갈 것인가, 가지 않을 것인가? 이러한 결정을 할 때는 개인의 이익,

공공의 이익, 공중도덕, 책임감 등이 결정에 영향을 미치는 요인으로 작용한다.

앞에서 말한 몇 가지 경제학 게임은 모두 경제학적인 수많은 관찰과 이론 그리고 모델을 논술하고 토론하며 검증한다.

경제 이론에서 이른바 '경제인'은 완전히 이성적이고 재물이 유일하거나 가장 중요한 목표인 사람을 가리킨다. '죄수의 딜레마'에 게임 이론을 적용해 계산하면, 두 사람의 죄수는 모두 솔직히 자백하는 쪽을 택하게 되는데, 이는 전적으로 수학 모델에 근거한 결과다. 그러나 경제학자들은 숫자만을 재산의 지표로 삼을 수 없다는 사실을 알게 되었다. 5년 동안 감옥에 있는 것과 2년 동안 감옥에 있는 것을 비교할 때, 어떤 사람에게는 그 차이가 무척 크지만 어떤 사람에게는 그리 큰 차이가 아닐 수 있다. '최후통첩 게임'에서 100달러 가운데서 1달러를 준다면 아예 원치 않을 사람이 있을 수 있지만, 100만 달러 가운데 1만 달러를 준다면 콧방귀를 뀌는 사람은 없을 것이다. 그래서 경제학에서는 '효용'이라는 개념을 제시했다. 간단히 말해서, 숫자는 비록 효용과 관련이 있지만, 항상 그와 비례하지는 않는다. 1만 달러가 누군가에게 효용이 적지 않다면 그 사람은 아무 소리도 없이 1만 달러를 받아들이고 다른 사람이 99만 달러를 가져가게 할 것이다. 그러나 효용이라는 개념을 더해도 모든 경제 활동을 설명할 수는 없다. '최후통첩 게임'에서 100만 달러 가운데 1만 달러를 받는다고 할 때, 그 제안을 받는 사람에게 1만 달러의 효용이 적지 않다 하더라도, 그는 그 제안이 자신을 얕보고 모욕하는 것이라고 느낄 수 있으며, 동시에 "왜 내가 너를 도와서 99만 달러를 벌게 해 줘야 하지?"라는 시기 어린 반응을 보일 수 있다.

'공공의 이익'에 대한 예에서 이기심과 공익의 균형은 또한 자신과 타인을 위한 균형이기도 하다. '소아를 버리고 대아를 위한다.', '내가 지옥에 가지 않으면 누가 지옥에 가랴.' 같은 희생정신, '내가 원치 않는 일을 남에게 시키지 말라.'나 '남이 내게 해 주기를 바라는 대로 남에게 하라.', '가는 말이 고와야 오는 말이 곱다.', '백짓장도 맞들면 낫다.' 같은 말은 모두 경제학에 사회학의 개념을 더한 것으로, 종종 관찰되는 현상이다. 또한 평범한 사람이 노력을 통해 도달할 수 있는 목표이기도 하다.

의심과 시기, 사기와 기만 등은 개인이 짧은 시간에 이익을 얻는 데 도움이 될지 모른다. 그러나 나중에는 개인과 사회 전체의 손실을 빚으며 상당히 큰 피해를 입을 수도 있다. 수학, 경제학, 사회학, 심리학을 통해 우리는 경제학과 사회 활동을 더 깊이 이해할 수 있다.

머피의 법칙

"잘못될 가능성이 있는 일은 반드시 잘못된다." 머피의 법칙은 정말 맞을까?

::

　모두들 '머피의 법칙'이라는 말을 들어 봤을 것이다. '잘못될 가능성이 있는 일은 반드시 잘못된다.'는 뜻이다. 머피의 법칙은 에드워드 머피라는 미국인의 이름에서 유래했다. 미국 공군 대위였던 그는 로켓 실험 발사 연구에 참여하고 있을 때 이런 말을 한 적이 있다. "잘못될 가능성이 있는 일은 반드시 잘못된다." 이 말은 훗날 유명한 머피의 법칙이 되었다.

　이에 대해 사람들은 저마다 다른 경험을 증거로 내세운다. 잼을 잔뜩 바른 빵을 바닥에 떨어뜨리면 꼭 잼이 묻은 쪽이 아래로 떨어져서 카펫을 망치고 빵도 먹을 수 없게 된다든지, 슈퍼마켓에서 줄을 서면 옆에 있는 줄이 언제나 자기가 선 줄보다 빨리 움직인다든지, 버스 정거장에 달려가면 차가 막 떠났다든지, 주머니 속에 넣어 둔 집 대문 열쇠와 차 열쇠를 꺼낼 때면 언제나 필요와는 반대로 꺼낸다든지, 상사나 중요한 바이어에게 간단한 보고를 보내려고 하면 평소에는 멀쩡하던 노트북 컴퓨터가 이상해진다든지……. 이러한 사례는 수도 없이 많다.

　그렇다면 머피의 법칙은 맞는 걸까? 머피의 법칙이 그럴듯하게 보이는 이유를 설명하는 몇 가지 해석이 있다.

잘못은 언제나 발생한다

첫째, 물리학의 관점에서 보면, 접시가 뒤집어져 빵이 떨어지는 대부분의 경우 빵도 그대로 뒤집어져 잼이 묻은 쪽으로 떨어지기 마련이다. 빵이 탁자에서 바닥으로 떨어지는 짧은 시간 동안 다시 뒤집혀 잼이 발린 쪽이 위로 올라오지는 않는 법이다. 슈퍼마켓에서 줄을 설 때 내 왼쪽에 한 줄, 오른쪽에 한 줄이 있다고 치자. 가장 간단한 확률 계산법에 따르면, 내가 선 줄이 양쪽 모두보다 빠를 확률은 3분의 1이고, 둘 중 한 줄이 내가 선 줄보다 빠를 확률은 3분의 2다.

둘째, 우리의 뇌는 언제나 판단을 선택한다. 우리가 버스 정거장으로 달려가는 동안 차가 도착해 우연히 탈 수 있었다면, 하늘이 도왔다고 여길망정 머피의 법칙에서 벗어났다고 보지는 않을 것이다. 그러나 반대로 버스 정거장에서 차를 따라잡지 못했다면 우리는 의기소침해져 곧 머피의 법칙을 떠올리게 된다. 주머니에 손을 넣어 제대로 열쇠를 찾아냈을 때도 마찬가지다. 열쇠를 제대로 들었다면 곧바로 대문을 열거나 차에 시동을 걸지 머피의 법칙 따위를 떠올리지 않는다. 열쇠를 잘못 집어 들었을 때에야 비로소 우리는 미스터 머피를 떠올리는 것이다.

셋째, 머피의 법칙은 원래 긍정적인 의미를 지니고 있다. 우리가 어떤 일이든 부주의하게 굴면 실패할 확률이 높아진다는 것을 설명한다. 그러나 지나친 조심성은 때때로 상반된 결과를 낳는다. 아주 중요한 보고를 보내려고 여러 번 고쳐 쓰기를 하다가 답신을 보내기도 전에 노트북 컴퓨터의 전지가 다 떨어질 수 있다. 아니면 중요한 보고를 작성하기 위해 특별히 새로운 컴퓨터로 바꿨는데 그것이 사고의 원인이 된다든지 하는 식이다.

이와 관련된 오래된 우스개가 하나 생각난다. 어떤 사람이 아침 일찍 일어나 시간 맞춰 출근을 하려다 말고 멍청하게 대문 앞에 앉아 있었다. 부인이 그 모습을 보고 어찌 된 일인지 물었더니 그가 이렇게 말했다. "문 앞 탁자에 골동품 꽃병이 있잖아. 어제 어떤 점쟁이가 이 꽃병이 오늘 깨진다고 했어. 꽃병은 얌전히 탁자 위에 놓여 있고 움직인 적도 없는데 어째서 오늘 깨진다는 걸까? 그래서 여기 앉아 내 눈으로 도대체 그 일이 어떻게 벌어지나 확인하려는 거야. 잘하면 내가 그 사고를 막을 수도 있을 테고." 부인이 말했다. "그런 얼토당토않은 소리로 시간 낭비하지 말아요. 그런 일은 일어나지 않을 테니 어서 출근이나 하라고요!" 그는 부인의 말을 듣지 않고 계속해서 그 자리에 앉아 있었다. 부인은 몇 번이나 말을 해도 그가 듣지 않자 버럭 화를 내면서 꽃병을 집어 들더니 그대로 바닥에 내던져 깨 버렸다. "됐죠? 이제 출근하세요."

머피의 법칙이 절대적인 것은 아니라 해도 그것은 나름의 존재 가치가 있다. 잘못이 일어났을 때, 우리는 다른 사람을 탓하거나 자기 자신을 탓할 수 있고, 때로는 미스터 머피에게 책임을 돌릴 수도 있다.

잘못이 일어났을 때는 그 원인을 찾아내 책임 소재를 분명히 할 필요가 있다. 사장의 결정이 잘못인지, 현장의 엔지니어가 저지른 잘못인지 알아야만 한다. 그러나 책임 소재를 밝히는 일은 상황의 개선을 위해 필요한 것이지, 시비를 가리고 잘못을 책망하며 다른 사람에게 책임을 미루거나 덮어씌우기 위해 필요한 것이 아니다. 다음으로, 잘못이 일어났을 때 우리는 물론 스스로를 되돌아보며 나 자신의 과실이나 소홀로 인한 잘못은 아닌지 확인해야 한다. 그러나 지나치게 스스로를 책망할 필요는 없으며, 자책이나 자기 비하에 빠질 필요도 없다.

잘못이 일어났을 때, 문제를 검토하고 난 다음에는 관대하고 가벼워진 마음으로 이미 일어난 일의 결과를 받아들임으로써, 타인이나 자기 자신을 지나치게 책망해서 생길 수 있는 불필요한 대립이나 다툼을 피해야 할 것이다. 기왕 미스터 머피의 말대로 '잘못될 수밖에 없다'면, 처음부터 다시 시작하는 편이 낫지 않겠는가!

"엎질러진 물"이라는 말이 있다. 이 말은 머피의 법칙의 확장판이다. 하지만 그런 마음가짐이 지나쳐서 잘못을 미스터 머피에게만 돌려서는 안 된다. 그런 행동은 잘못을 검토하고 책임지며 개선할 힘을 빼앗기 때문이다.

중국에는 "마음대로 되지 않는 일이 열 가운데 여덟아홉이다."라는 말이 있다. 송나라 정치가 구양수의 「정 학사學士와 함께」라는 문장에서 나온 말이다. 이 말은 '구양수의 법칙'이라 불러도 좋을 만큼 머피의 법칙과 닮은 구석이 많다. 나는 전에 온라인에서 타이완의 작가 린칭쉬안의 글을 읽은 적이 있다. 그 글에서 그는 자신의 친구에게 대련을 써 주었다고 했는데, 대련의 앞 구절은 "언제나 한두 가지는 생각하라."였고 대련의 뒤 구절은 "여덟아홉 가지는 떠올리지 마라."라고 했다. 마음대로 되었던 한두 가지 일은 기쁘게 기억하고, 마음대로 되지 않았던 여덟아홉 가지 일은 얼른 잊어버리라는 뜻이다.

어떤 사람은 머피의 법칙을 이렇게 확대 해석하기도 한다. 두 가지 선택에 직면했을 때, 사람은 반드시 잘못된 선택, 후회할 선택을 한다는 것이다. 친구와 함께 저녁 식사를 하러 갔는데 비프스테이크를 시켰다. 그런데 음식이 나오자 친구가 주문한 생선 요리가 내가 주문한 고기 요리보다 더 맛있어 보인다. 외출하면서 우산을 가져가지 않을 때면 틀림없이 폭우가 쏟아진다. 여기서 말한 사례들은 머피의 법칙과 어쩐지 매우 닮은 것 같기도 하고 아닌 것 같기도 하다. 업무나 생활의 모든 면에서, 누구나 어떤 일을 하든 자주 중요한 선택과 직면한다. 이러한 상황에서 당연히 '어떤 선택을 하든 잘못될 거야'라는 전제를 받아들이거나 믿을 수는 없다. 나는 내가 선택을 앞두고 있을 때 떠올리는 몇 가지 생각을 여러분과 나누고 싶다.

이성적으로 선택과 마주한다

첫째, 과학기술 분야에 종사하는 사람으로서 나는 선택이란 모름지기 이성을 출발점으로 삼아 객관적인 분석과 전면적인 이해를 바탕으로 해야 한다고 믿는다. 맹목적인 선택이나 욱하는 마음으로 선택하지 않고 분명한 안목과 냉정한 머리로 선택하고 결정하는 것이다.

둘째, 우리는 자주 매우 어려운 결정과 맞닥뜨리곤 한다. 두 가지 일이 모두 이상적인 경우, 어느 쪽을 선택해야 하는가? 대학 입시를 준비하면서 이과를 고를 것인가, 문과를 고를 것인가? 졸업을 하고 나서는 유학을 갈 것인가, 아니면 취직할 것인가? 동시에 두 가지 이상을 추구할 수는 없는 법이다. 그러나 나는 이런 말을 기억한다. "만약 결정하기 힘든 선택을 앞두고 있다면, 무엇을 선택하든 그것이 최선이다." 어느 쪽이 더 나은지 분명하지 않다면, 둘 중 어느 한쪽을 선택하더라도 마찬가지로 좋은 선택이라는 뜻이다. 더욱이 어떤 선택이 옳으냐 그르냐의 문제는 선택을 한 뒤 그 선택이 옳은 것임을 증명하기 위해 얼마나 노력하느냐에 달려 있다. 선택은 출발점일 뿐이며, 그 선택을 끝까지 수행해 내면 그것이 좋은 선택이 되는 것이다.

셋째, 선택을 앞두고 있을 때 미국 시인 로버트 프로스트의 시 「가지 않은 길」을 음미해 보자. 이 시는 먼 길을 떠나는 사람이 수풀에서 두 갈래 길을 만났을 때 그 가운데 어느 하나를 골라야 하는 상황을 노래한다. 그는 자신이 길을 돌이킬 수는 없다는 사실을 알고 있다. 두 갈래 길이 모두 아름답게 보이지만, 결국 그는 이렇게 말한다. "나는 사람들이 거의 가지 않은 그 길을 선택했다. 그리고 그 길은 나를 전혀 다른 곳으로 이끌었다."

사람들이 거의 가지 않은 그 길을 선택하는 데 필요한 것은 다른 사람의 걱정과 비평을 두려워하지 않는 용기와 결심이다. 사람들이 거의 가지 않은 길은 목적지를 정확히 알 수 없고 가는 길 또한 잡초와 가시로 무성할 것이다. 일손과 도움이 필요할 때도 그것들을 구할 수 없을지 모른다. 그러나 이 길은 선택한 사람을 전혀 다른 방향으로 이끌며 새로운 풍경을 펼쳐 보일 것이다. 이야말로 먼 길을 떠나는 사람에게 가장 큰 수확이다.

우리는 모두 갈림길에 서 있다가 그중 하나를 선택한 경험이 있다. 그런 순간에 우리가 프로스트의 이 시를 기억할 수 있다면 좋겠다.

내 일생의 가장 중요한 날

나는 보름달 밤에 태어났고 전갈자리다. 생일은 모든 사람에게 1년 365일 가운데 가장 중요하고도 특별한 하루다.

생일은 왜 그렇게 중요할까?

명리학命理學을 신봉하는 사람에게 사람이 평생 누릴 부귀와 영화, 명성과 업적, 처자식 복 등은 모두 운명적으로 정해지는 것이며, 사주팔자가 이 일생의 모든 것을 결정한다. 사주팔자의 팔자八字란 무엇인가? 팔자는 우리가 태어난 연, 월, 일, 시에서 나오는 여덟 글자이고 사람의 운명은 이 여덟 글자로 결정된다. 중국의 명리학에는 갑甲, 을乙, 병丙, 정丁, 무戊, 기己, 경庚, 신申, 임壬, 계癸를 아우르는 '십천간'十天干과 자子, 축丑, 인寅, 묘卯, 진辰, 사巳, 오午, 미未, 신申, 유酉, 술戌, 해亥를 아우르는 '십이지지'十二地支가 있다. 해마다 천간과 지지를 하나씩 선택해 연, 월, 일, 시를 나타낸다. 역사적으로 캉유웨이, 량치차오, 탄쓰퉁 등이 연루되었던 '무술'戊戌정변은 1898년에 일어난 일이고, 쑨원 선생이 이끈 '신해'辛亥혁명은 1911년에 일어난 일이다.

10개의 천간과 12개의 지지로는 120개의 조합이 만들어지지만, 우리는 그 가운데 60개만을 사용한다. 10개의 천간 가운데 5개는 양에 속하고 5개는 음에 속하며, 12개의 지지 가운데 6개는 양에 속하고 6개는 음에 속하는데, 양에 속한 천간은 양에 속한 지지와 맞추고 음에 속하는 천간은 음에 속하는 지지와 맞추기 때문이다. 갑은 자와 짝이 되지만 축과는 짝이 되지 않고, 을은 축과 짝이 되지만 자와는 짝이 되지 않는 식이다. 그래서 갑자에서 시작해서 모두 60개의 짝이 만들어지며, 그 뒤로는 다시 갑자부터 시작해서 순환을 반복한다. 그래서 1갑자는 60년을 의미한다.

나에게 속한 하루

태어난 연도는 하나의 천간과 하나의 지지로 표시되며, 태어난 달과 날, 시간 또한 이렇게 표시된다. 생년월일시를 이렇게 여덟 개의 글자로 표현하기 때문에 사주팔자라고 하는 것이다. 태어난 달과 날과 시간을 어떻게 천간과 지지로 나타내는지는 명리학 관련 책에 표로 나오니 찾아보면 된다.

중국 사람은 천간과 지지뿐 아니라 쥐, 소, 호랑이, 토끼, 용, 뱀, 말, 양, 원숭이, 닭, 개, 돼지 등 열두 가지 동물로도 해를 표시한다. 예컨대, 2010년은 호랑이 해였으니 다음 해는 토끼 해가 된다. 이렇게 열두 가지 동물은 12지지와 서로 대응한다. 속담에는 두 동물을 짝지어 만든 것이 많다. 예를 들면, "가재는 게 편이다."라든가 "고양이 쥐 생각한다." 등등.

중국 사람은 사람이 태어난 때가 운명을 결정한다고 믿었다. 서구 사람도 마찬가지다. 고대 그리스 때부터 사람들은 태어날 때 하늘에 나타난 별들의 위치가 그의 운명을 결정한다고 믿었다. 점성가들은 태양과 열두 별자리가 대응하는 위치에 따라 1년을 12개로 나누고 각각 양, 소, 쌍둥이, 게, 사자, 처녀, 천칭, 전갈, 사수, 염소, 물병, 물고기 등 별자리 이름을 붙였다. 수많은 신문과 잡지에는 이런 별자리 운세가 실려 있다. 별자리에 따라 최근 얼마 동안의 건강, 재물, 사업, 애정 등의 운세에 대한 예측과 분석이 쓰여 있어, 이것을 보면 재수가 좋은 때인지 나쁜 때인지, 좋은 일이 많을지 나쁜 일이 많을지 알 수 있다. 모두 사람의 운명이 태어난 시간에 따라 정해진다는 믿음 때문이다.

중국에 이런 말이 있다. "사람이 장원급제를 하려면 첫째는 천명을 받아야 하고, 둘째는 운이 따라야 하며, 셋째는 풍수가 도와주어야 하고, 넷째는 조상의 음덕이 충분해야 하며, 다섯째는 글을 읽어야 한다." 장원급제를 하려면 좋은 운명을 타고나야 하는 것이지, 글을 읽는 노력은 기껏해야 다섯 번째 조건에 불과하다는 말이다. 영어에도 "은 숟가락을 물고 태어 났다."라는 말이 있다. 부유한 가정에 태어났음을 의미한다. 유럽의 오래된 관습에 따르면, 부유한 사람들은 아이의 탄생 을 축하하기 위해 은 숟가락을 선물했기 때문이다.

사실 생일을 중요한 날이자 특별한 하루로 간주하는 데는 여러 가지 원인이 있다. 한 사람이 태어난 순간은 하나의 시작 을 나타내며 이후 해마다 과거를 돌아보고 새로 시작하는 기 회로 삼을 수 있기 때문이다. 사람들은 이날부터 새로운 성공 과 행복을 기원한다. 생일 케이크의 촛불을 불기 전에 먼저 소 원을 비는 서구의 관습 또한 이러한 이치에 따른 것이다. "인 생은 사십부터"라는 말이 있는데, 이는 1930년에 미국의 심 리학자 월터 핏킨이 쓴 책에 등장하는 말로, 사십 세 또한 새 로운 시작을 위한 출발점이라는 뜻이다. 생일을 특별한 하루 로 간주하는 데는 이보다 가벼운 이유도 있다. 모든 사람이 해 마다 자신에게 속한 특별한 하루가 있어, 모두에게 축하를 받 으며 식사 초대와 선물을 받기도 하여 기뻐하는 것이다. 특히 가족과 친구의 생일은 모두 각각 다르기 때문에, 함께 밥을 먹 고 노래를 부르며 즐거움을 누릴 기회를 많이 누릴 수 있다.

1년은 365일이므로 생일이 같은 사람도 적지 않다. 알고 있는가? 만약 무작위로 스물세 사람을 모은다면, 그 가운데 두 사람의 생일이 같은 날일 비율은 2분의 1을 넘을 것이다.

늙어도 잘 살 수 있다

　해마다 생일을 넘기면 한 살 더 나이를 먹는다. 미국이나 타이완, 일본처럼 의료 조건과 생활 환경이 좋은 나라에서는 평균 수명이 이미 70세를 넘겼다. 더욱이 의약이 발달하고 건강에 대한 관심이 높아지면서 평균 수명 또한 늘고 있다. 사실 중국 고대의 황제黃帝가 썼다는 전통의학서 『소문』素問의 「상고천진론」上古天眞論에도 사람이 타고난 수명은 100세라는 기록이 있다. 『상서』尙書 「홍범」洪範에는 인간의 수명이 120세라고 적혀 있다. 불로장생은 모든 사람의 꿈이다. 중국 역사에서 가장 유명한 이야기는 진시황이 서복에게 500명의 동남童男과 500명의 동녀童女를 이끌고 신선이 산다는 동쪽의 봉래 섬에 가서 불사약을 찾아오라고 명한 일이다. 나중에 그들은 일본에 도착해 그곳에 정착했다.

　그러나 늙어도 잘 살 수 있다. 이런 우스개가 있다. 어떤 노인이 진찰받으러 가서 의사에게 어떻게 하면 99세까지 살 수 있느냐고 물었다. 의사가 그에게 물었다. "담배를 피우십니까?" 그가 말했다. "안 피웁니다." "술은 드십니까?" "안 마십니다." "밤마다 향락을 즐기시지는 않고요?" 그가 말했다. "안 합니다, 안 해요." 의사가 물었다. "그런데 왜 99세까지 사시려고 하세요?"

모든 사람에게는 서로 다른 나이와 경력이 있다. 공자가 이런 말을 했다. "나는 열다섯에 학문에 뜻을 두었고 서른에 섰으며, 마흔에는 미혹되지 않고 쉰에는 천명을 알았으며, 예순에는 무엇이든 편히 들을 수 있게 되었고, 일흔이 되자 마음 가는 대로 해도 선을 넘는 일이 없었다." 이 말을 보면 사람은 열다섯이 되면 열심히 공부해야 한다고 했는데, 오늘날의 교육 제도는 이 시간표상으로 꽤 합리적인 셈이다. 초등학교와 중학교는 공부의 준비 단계라 할 수 있으며, 고등학교에 이르러서야 자신을 건 공부가 시작된다. 안타깝게도 오늘날의 입시 제도 아래서는 유치원에 다니는 어린 친구들까지도 영어 학원에 다니거나 거의 필수적인 과외 활동을 한다. 초등학교부터 목숨을 건 입시 공부가 시작되는 것이다. 공자께서 이런 모습을 보았다면 틀림없이 목청을 높여 "오호, 애재라!" 하고 부르짖으셨으리라.

서른이 되면 사람에게는 충분한 경험과 훈련이 쌓이게 되며, 자신의 목표와 입장 그리고 원칙 등을 알고 굳건히 서게 된다. "서른에 섰으며"의 '섰다'는 말은 하늘을 이고 땅을 딛고 서서 내가 다른 사람에게 받고 싶은 대로 다른 사람을 대한다는 뜻이다. 마흔, 즉 불혹이 되어서는 사리에 밝아져 외부의 일로 곤혹을 겪거나 소란스러워지는 등 영향을 받지 않는다는 말이다. 그러나 판단력이 더 좋아지기 때문에 어떤 일을 고쳐 나가고 변화시킬 때 좀 더 적절한 조치를 취할 수 있게 된다. 옛말에 "마흔은 상식을 아는 나이다."라고 했는데, 이는 사람이 마흔쯤 되면 몸과 마음이 모두 성숙해서 중요한 지위와 역할을 감당할 수 있음을 가리킨다. 중국 현대의 사상가이자 문학가 후스 선생은 마흔이 넘었을 때 다음과 같이 짧은 시 한 편을 썼다. "몇 가닥 흰 머리칼이 나니 마음은 중년에 가까웠구나. 장기의 졸이 강을 건너듯 목숨 걸고 앞으로 나아갈 뿐이네." 당나라의 문인이자 정치가 한유는 「십이랑十二郎 제문祭文」에서 "내 나이 아직 마흔도 안 됐건만 보이는 것은 흐릿하고 머리칼은 희끗희끗하며 이빨마저 흔들린다."라고 써서 늙기도 전에 쇠약해짐을 말하였다. 서구 사회에서는 상대방, 특히 여성의 나이를 묻지 않는 관습이 있다. 그래서 그들이 말하는 중년 여성의 나이는 언제나 서른아홉이다.

쉰이 되면 나를 둘러싼 환경을 이해하고 이를 받아들일 수 있게 된다. 그러나 이는 모든 일을 하늘이 내린 운명으로 알고 소극적으로 받아들이는 것은 아니다. 현실적인 환경을 이해하게 된 뒤, 무엇을 어떻게 개선하고 변화시킬 수 있을지 알게 되는 것까지 포함한다. 예순에 무엇이든 편히 들을 수 있게 되었다는 말은 몇 가지 해석이 가능하다. 첫째는 다른 사람이 하는 말의 뜻을 잘 이해하게 되었다는 것이고, 둘째는 인내심을 지닌 채 남의 의견을 듣고 받아들이게 되었다는 것이다. 옛말에 "충고는 귀에 거슬린다."라고 했다. 그러므로 예순이 된 사람은 인격적으로 충분히 성숙해 충고를 들어도 귀에 거슬리지 않고 순순히 받아들일 수 있게 된다는 말이다. 셋째는 인격적으로 성숙했기 때문에, 듣기 싫거나 불합리한 말을 듣더라도 그 말로 인해 화내지 않는다는 뜻이다. 그래서 예순 살은 이순耳順이라고도 한다. 또한 환갑還甲이라고도 하는데, 이는 앞서 말한 천간지지가 60년 만에 처음의 간지로 되돌아와 다시 시작하게 됨을 뜻한다.

일흔이 되자 마음 가는 대로 해도 선을 넘는 일이 없었다는 말은 경험과 훈련이 충분한 사람은 본능과 직관이 모두 정확하기 때문에 깊이 생각하지 않고도 정확한 판단과 선택을 할 수 있다는 뜻이다. 일흔은 고희古稀라고도 부른다. 두보의 시에 다음과 같은 구절이 있다. "술빚은 언제 어디에나 있건만, 사람이 일흔 해를 사는 것은 예로부터 드무네." 술을 마시고 진 빚을 아직 갚지 못한 것은 늘 있는 일이지만, 사람이 일흔까지 사는 것은 '예로부터 드문 일'古來稀이라는 말이다. 역사적으로 보면, 노래자라는 사람이 일흔까지 살아서 알록달록한 꼬까옷을 입고 대청마루에서 아이처럼 팔짝팔짝 뛰며 부모를 기쁘게 했다는 이야기가 있다. 여든 살에 대해서는 강태공이 여든 살 나이에 비로소 주나라 문왕을 만났다는 이야기가 전한다. 강태공은 끝이 곧은 바늘로 물고기를 낚으며 "원하는 이가 올라와 걸릴 것이다"라고 했다. 양생의 비법을 알았던 팽조는 800세까지 살았다고 전하지만 정말 그런 일이 있었는지는 알 수 없다.

지금까지의 설명으로 여러분은 불혹과 이순, 환갑, 고희 등이 무슨 뜻인지 알았을 것이다. 이제 한번 생각해 보자. 미수米壽는 몇 살을 가리키는 것일까? 백수白壽와 차수茶壽는 또 몇 살일까?

줄이 끊어지니 누가 있어 듣는가?

새 친구를 사귀되 옛 친구를 지켜라. 새 친구가 은이라면 옛 친구는 금이다. 당신에게는 몇 명의 친구가 있는가?

::

당신에게는 몇 명의 친구가 있는가? 절대 다수의 사람은 이렇게 대답할 것이다. "모르겠다." 이어서 대부분의 사람은 다음과 같이 방어적으로 반문할 것이다. "먼저 친구의 정의가 뭔지 말해 주세요." 분명히 정의는 필요하다. 그럼 친구의 정의를 먼저 이야기하고 다시 '몇 명의 친구가 있는가?'라는 질문을 던져 보도록 하자.

사회과학과 철학, 인류학의 관점에서 사람과 사람 사이의 관계를 탐구할 때, 친구는 매우 중요한 인간관계다. 먼저 친구는 일반적으로 혈연관계가 없는 사람을 가리키고, 혈연관계가 있는 사람은 친척이라고 한다. 그다음, 친구는 쌍방향으로 상호 관계를 맺는 사람이고, 친구의 반대말은 '낯선 사람'이다. 영화배우나 텔레비전에서 자주 보는 정치인, 위대한 작가라 할지라도 이들은 일방적인 관찰의 대상이자 동경의 대상일 뿐이다. 영국 여왕이나 일본 천황이 감히 내 친구라고 말할, 간 큰 사람은 없을 것이다. 그렇다면 적은? 어떤 의미에서 적은 나쁜 친구다. 숱한 경우에, 특히 정치권에서는 원래 영원한 친구도, 영원한 적도 없다.

함께할 때 서로 더욱 빛나는

공자는 『논어』에서 이렇게 말했다. "이로운 세 가지 벗이 있고, 해로운 세 가지 벗이 있다." 그 뜻은 이로움을 주는 세 유형의 벗이 있고, 손해를 끼치는 세 유형의 벗이 있다는 것이다. "정직한 벗, 성실한 벗, 견문이 넓은 벗은 이롭다." 그리고 "겉치레만 하는 벗, 뜻을 잘 맞추는 벗, 말만 잘하는 벗은 해롭다."

고대 그리스 철학자 아리스토텔레스는 친구를 인간의 조건으로 꼽았다. "우정은 두 개의 몸 사이에 깃든 하나의 영혼이다." 물론 이것은 우정의 최고 차원이고, 그 밑바닥에는 서로 인사나 겨우 나누는 우정이라는 것도 있다. 회사 식당에서 함께 밥을 먹는 동료나 비행기 옆자리에 앉아서 이야기를 나눈 외국인도 이러한 범주에 든다. 중국 현대 시인 쉬즈모는 자신의 시 「우연」에서 이렇게 묘사한다.

나는 하늘의 조각구름, 가끔씩 당신의 마음을 비추지요.
이상하게 생각지 마세요. 괜스레 기뻐도 마세요. 순식간에 사라질 그림자니까요.

당신과 나는 어둔 바다에서 만났지요. 당신에게는 당신의, 내게는 내 갈 길이 있어요.

기억해 주셔도 좋지만 잊으시는 게 가장 좋아요. 이 만남에서 서로를 비추던 빛.

아리스토텔레스는 말했다. 친구의 차원에는 일과 업무의 친구가 있다. 회사의 다른 부서에서 일하는 엔지니어나 상품을 구매하는 바이어, 대신 우편물을 배달해 주는 택배원, 시장에서 돼지고기를 파는 사장 등은 모두 자주 왕래를 하면서 예의 바른 인사를 주고받는 사이다. 또 하나의 차원은 함께 즐거워할 수 있는 친구로서 술친구라든가 함께 노름을 하는 사이, 골프 친구, 특히 시도 때도 없이 자주 만나고 차를 마시면서 수다를 떠는 오랜 친구들, 과거에 대한 일말의 그리움만 가지고 눈앞의 이해관계에 대한 고려는 전혀 없는, 정말이지 즐거운 시간을 함께 보낼 수 있는 친구들이다. 영어에는 이런 속담이 있다. "새 친구를 사귀되 옛 친구를 지켜라. 새 친구가 은이라면 옛 친구는 금이다." 물론 친구의 최고 차원은 아리스토텔레스가 말한 "우정은 두 개의 몸 사이에 깃든 하나의 영혼이다."처럼 서로 존중하고 의지하며 함께 앞으로 나아가고 어려움을 함께 견디며, 친구를 위해 자신을 아끼지 않고 희생할 수 있는 그런 사이, 곧 '지기'知己다. 옛사람이 말했던 것처럼 "천금은 얻기 쉬워도 지기는 구하기 어렵다."

어떤 사람들은 묻는다. "우정과 사랑, 지기와 연인은 어떤 차이가 있는가?" 이것은 복잡한 문제다. 단순히 성별로 구분한다면, 사람과 사람 사이의 심리나 감정 요소는 전부 무시된다. 감히 이 문제에 섣불리 대답할 수 없으므로, 자주 사용하는 두 가지 명사를 빌려 그 뜻을 풀어 보기로 하겠다. 하나는 '홍분지기'紅粉知己 또는 '홍안지기'紅顏知己다. 홍분은 여성이 사용하는 연지를, 홍안은 연지 바른 얼굴을 가리키므로 여성을 의미한다. 홍분지기는 글자 그대로 여성 친구를 가리키지만, 남성의 이성 연인이라는 의미를 함축한다. 양성평등 사회이다 보니 '홍안지기'를 '청안지기'로 바꿔 쓰는 창의성이 발휘되기도 하는데, 이는 물론 여성의 이성 연인, 남자친구를 가리킨다. 그 밖에 '플라토닉 러브'라는 고대 그리스 철학자 플라톤의 이름에서 유래한 단어도 있는데, 플라톤은 소크라테스의 제자이며 아리스토텔레스의 스승인 인물이다. 플라톤은 두 권의 책을 써서 사랑의 서로 다른 차원, 육체적인 사랑과 정신적인 사랑 그리고 어떻게 욕망의 차원에서 아름다움의 차원으로 나아갈 것인지 등을 논의했다.

플라토닉 러브라는 명사는 15세기부터 사용되어, 이성끼리

육체적인 끌림과 욕망 없이 정신적으로 끌려서 나누는 사랑을 가리켰다. 그래서 홍분지기라는 단어는 지기의 전통 위에 성별이 덧붙은 것이고, 플라토닉 러브는 반대로 사랑의 전통 속에서 성적인 부분을 제거한 것이라 하겠다.

이어서 '나를 알아주는 좋은 친구'에 대한 몇 가지 이야기를 살펴보도록 하자.

지기는 얻기 어렵고 지음은 찾기 어렵다

관중과 포숙아는 기원전 7세기 중국 춘추 시대 제나라 사람이다. 젊었을 때부터 서로 알고 지내면서 포숙아는 관중의 재능에 무척 탄복했다. 당시 제나라 군주였던 양공은 폭군이었다. 포숙아는 제나라 양공의 아우인 공자 소백을 보좌하다가 함께 소백의 어머니 나라인 거나라로 도망쳤고, 관중은 제나라 양공의 또 다른 아우인 공자 규를 보좌하다가 함께 규의 어머니 나라인 노나라로 도망쳤다. 머지않아 제나라에서 내란이 일어나 양공은 피살당하고 공자 소백과 공자 규는 군주의 자리를 차지하고자 서둘러 제나라로 돌아갔다. 그 길에서 두

무리는 서로 만났고, 관중이 공자 소백에게 화살을 날려 맞히자 공자 소백이 땅에 엎어졌다. 이에 관중은 공자 소백이 죽은 줄 알고 계속 공자 규와 함께 제나라로 향했다.

그러나 사실 공자 소백은 화살에 맞아 죽은 척을 한 것뿐이었다. 그는 지름길로 재빨리 제나라로 귀환해 군주 자리에 올라 제나라의 환공이 되었다. 공자 규와 관중은 다시 노나라로 도망했지만 환공이 군사를 일으켜 노나라를 대패시켰다. 환공은 노나라의 군주 장공에게 공자 규를 죽이고 관중을 내놓으라고 요구했다. 노나라 장공은 명령에 따를 수밖에 없었다. 그때 노나라 장공 주변의 사람들은 관중이 매우 유능한 사람이니 그를 죽여 후환을 없애는 것이 좋다고 권했다. 그러나 제나라 사자는 이에 반대하면서 관중은 제나라 환공을 활로 쏘아 죽이려 했으므로 반드시 죄인이 타는 수레에 태워 압송해야 한다고 주장했다. 관중은 속으로 이 모든 것이 사실은 포숙아가 자신을 위해 세운 계획임을 알았다. 관중이 제나라로 돌아오자 환공은 포숙아의 추천을 받아들여 관중이 활을 쏘아 자신을 죽이려 했던 과오를 따지지 않고 그를 재상으로 임용했다. 그리고 포숙아는 재상의 자리에서 물러나 대부의 직위에 머물렀다.

관중은 걸출한 정치가로 해변에 자리한 제나라의 지리적

이점을 잘 이용해 상품을 유통시켜 국가를 부유하게 만들었다. 그는 이렇게 말했다. "창고가 가득하면 예절을 알게 되고, 입고 먹을 것이 풍족하면 영욕을 알게 된다." 경제 상황이 좋아지면, 일반 백성도 자연히 예의범절과 자랑스러움과 부끄러움을 알게 된다는 뜻이다. 그는 또 이렇게 말했다. "명령은 마치 강의 원천과 같아 민심을 따르게 한다." 국가의 명령은 강의 원천과 같아서 민심을 따르게 해야 하고 백성이 원하는 방향에 순응해야 한다, 백성이 찬성하지 않으면 민의에 따라 법령을 철폐해야 한다는 뜻이다. 관중은 정사를 돌보며 상황의 완급과 경중을 잘 따졌고 신중하게 이해와 득실을 따졌다. 그는 이렇게 말했다. "'주는 것은 얻기 위함'이라는 도리를 잘 알아야 한다. 이것이 정치의 핵심이다." 제나라 환공은 그의 보좌 덕분에 춘추 시대의 제후 가운데 패자霸者가 되었다.

정치가로서 관중은 엇갈리는 평가를 피하기 어려운 사람이다. 공자는 『논어』에서 "관중의 덕은 그 재능을 넘지 못한다."라고 했는데, 관중이 비록 재능은 무척 뛰어나지만 인품은 그에 미치지 못한다는 말이다. 리더가 되기 위해서는 능력이 당연히 중요하지만 마음 씀씀이는 더욱 중요하다. 아들 소식, 소철과 더불어 '삼소'三蘇라 일컬어지는 송나라의 문학가 소순은 이렇게 말했다. "제나라의 강성함은 관중이 아니라 포숙아 덕분이다. 포숙아가 제나라 환공에게 관중을 적극적으로 추천 했기 때문이다. 나중에 일어난 제나라의 분란은 관중의 뒤를 이은 어지러운 관리들이 아니라 바로 관중 자신 탓이다. 관중은 제나라 환공에게 사람을 쓰는 능력이 없다는 것은 분명히 알고 있으면서도 그들을 쓰지 말라고 간언하지 않았고 능력 있고 도덕적인 인물들이 자기 뒤를 잇도록 하지 않았다." 중국 한나라의 역사가 사마천은 『사기』에서 관중이 제나라 환공을 보좌하면서 왕도를 실행하도록 권하지 않고 패주霸主가 되도록 했다고 말했다. 관중에게 제나라 환공이 최고의 미덕을 발휘하도록 돕고 군주의 잘못을 바로잡을 책임이 있는가? 우리는 재능 있는 사람이 기꺼이 남의 일꾼이 되기를 자청하는 모습을 수없이 본다. 재능 없는 사람들이 남의 일꾼이 되고자 목숨을 거는 모습은 더욱 자주 본다. 관중에 대한 역사가들의 비판을 보면 더욱 조심해야 한다는 생각이 들지 않는가?

확실히 국가와 정당, 기업, 단체에는 짧은 안목이나 사사로운 이익을 버리고 진심을 다해 뒤를 이어 일을 맡아 줄 선량하고 건강한 사람이 있어야 한다.

관중 자신은 그와 포숙아의 관계를 어떻게 생각했을까? 그는 이렇게 말했다. "내가 가난했을 때 포숙아와 함께 장사를 했는데 돈을 나눌 때 언제나 내가 좀 더 가졌다. 그는 내가 가난한 줄 알았으므로 내가 재물을 탐낸다고 여기지 않았다. 내가 그 대신 일을 하면서 잘하지 못해도 그는 내가 둔하다고 생각하지 않았다. 내가 세 번이나 관직에서 물러났을 때도 그는 내가 재능이 없다고 여기지 않고 좋을 때도 있고 나쁠 때도 있는 것이라고 말했다. 나는 세 번이나 전쟁터에 나서서 매번 패해서 도망쳤지만 그는 내가 비겁하다고 나무라지 않았다. 그는 내게 모셔야 할 늙은 어머님이 계시다는 사실을 알았기 때문이다. 공자 규가 실패하고 내가 감옥에 갇혔을 때 나는 공자 규를 위해 자살하지 않았지만 그는 부끄러움도 모른다고 나를 꾸짖지 않았다. 그는 내가 작은 것에 얽매이지 않고 천하에 공명을 떨치지 못하는 것만 부끄러워한다는 것을 알았던 까닭이다." 그래서 관중은 이렇게 정리했다. "나를 낳은 것은 부모요, 나를 알아준 것은 포숙아다." 이후 사람들은 모두 관중과 포숙아의 이야기를 들어 서로를 알아주는 친구 사이의 우정을 말하게 되었다.

마지막으로 유백아와 종자기의 이야기를 보려고 한다. 유백아는 춘추 시대 초나라의 음악가로 거문고를 무척 잘 탔다. 그러나 줄곧 그 음악을 제대로 감상해 줄 사람을 찾지 못했다. 한번은 무르익은 가을밤에 배를 타고 한양의 강어귀에서 거문고를 꺼내 연주를 할 때 얼마 타지도 못했는데 줄이 끊어지고 말았다. 유백아가 말했다. "줄이 끊어졌으니 누군가 내 연주를 훔쳐 듣는 모양이다." 과연 나무를 하던 나무꾼 종자기가 강기슭에 몸을 숨기고 그의 연주를 듣고 있었다. 유백아는 그에게 배에 오르기를 청하였고 담소를 나누면서 종자기가 좀 전에 자신이 연주한 곡에 대해 알고, 또 자신의 거문고가 고대의 제왕 복희씨가 오동나무로 만든 것이라는 사실까지 안다는 점을 깨달았다. 두 사람은 이야기를 할수록 뜻이 통했고, 유백아는 끊어진 줄을 이어 종자기를 위해 한 곡을 연주했다. 유백아가 마음속으로 산을 생각하면서 연주를 하면 종자기는 듣고 나서 곧 "우람찬 것이 태산 같구나."라고 했고, 유백아가 마음속으로 흐르는 물을 생각하면서 연주를 하면 종자기는 듣고 나서 곧 "도도한 것이 강물 같구나."라고 했다. 여기에서 고산유수高山流水라는 성어가 생겨났다. 유백아는 종자기가 진실로 자신의 연주를 이해하는 사람이라 여기고 한 해 건너 한 번씩 한가위 때마다 만나기로 했다. 그러나 두 해만에 유백아가 종자기를 찾았을 때, 종자기는 이미 세상을 뜬 뒤였다. 유백아는 종자기의 무덤 앞에서 거문고의 줄을 끊고 거문고를 부수며, 지음知音이 사라졌으니 다시는 거문고를 연주하지 않겠다고 다짐했다. 이것이 '유백아가 거문고를 부숴 지음에게 사례한 이야기'다.

송나라의 장수로서 금나라의 침략을 막아 냈던 충신 악비는 사詞「소중산」小重山의 마지막 두 구절을 이렇게 읊었다. "이 마음을 거문고에 부쳐 노래하고 싶으나, 지음이 드무나니, 줄이 끊어진들 누가 있어 들어 주리." 이는 유백아가 거문고를 부수고 줄을 끊은 이야기를 인용한 것이다.

다시 벗을 논하다

영국의 대문호 셰익스피어의 명작 희곡 『베니스의 상인』에도 두 사람의 멋진 우정에 관한 이야기가 있다.

::

셰익스피어는 16세기 영국의 시인이자 극작가로 많은 사람들이 그를 영문학사의 가장 위대한 작가로 손꼽는다. 중국의 굴원이나 이탈리아의 단테와 어깨를 나란히 하는 세계 문화의 거인이다. 셰익스피어의 극본은 세계의 여러 주요 문자로 번역되었을 뿐 아니라, 몇백 년이 지난 오늘날까지도 전통적인 양식에 따르거나 새로운 해석을 더한 오페라나 음악과 무용으로 각색되어 끊임없이 상연되고 있다.

『베니스의 상인』은 베니스의 두 절친한 친구 안토니오와 바사니오의 이야기에서 시작한다. 안토니오는 바다로 출항하는 세 척의 배에 투자했다. 그래서 아침부터 저녁까지 배가 무사히 돌아올까 걱정한 나머지 마음이 울적해져 이렇게 노래한다.

모든 이가 역할을 맡는 무대라는 세상에서
나는 슬픈 역할을 맡았다네.

셰익스피어의 다른 희곡 『뜻대로 하세요』에도 같은 말이 등장한다.

　세계는 무대.
　모든 남자와 여자는 그저 배우일 뿐,
　등장하고 퇴장하지요.
　그리고 남자는 평생 여러 가지 역을 한답니다.

　All the world's a stage,
　And all the men and women merely players.
　They have their exites and entrances,
　And one man in his time plays many parts.

　중국의 전통 극장에는 매우 재미있는 대련이 나붙곤 한다. 예를 들어 "무대는 작은 세상, 세상은 큰 무대"라든지 "연기를 보는 사람은 연기의 고달픔을 모르지, 무대에 오르기는 쉬워도 무대에서 내려가기는 힘든 법" 같은 내용이다.
　안토니오의 말이 끝나면 이제 바사니오의 넋두리다. 그는 자신이 돈을 모두 다 써 버렸고 큰 빚까지 있다고 한다. 그러나 횡재를 할 계획이 하나 있다면서 이런 비유를 한다. 그는 어렸을 때 활을 쏘았다가 쏜 화살을 찾을 수 없으면, 그 화살과 크기와 무게가 똑같은 화살을 같은 방향으로 쏘아서 화살 두 개를 모두 되찾곤 했다. 이 비유를 보면 바사니오가 한 번 잃고도 다시 판돈을 거는 도박사의 성격을 지니고 있음을 알 수 있다. 그러면 그에게는 대체 어떤 계획이 있는 것일까? 벨몬트라는 지방에 사는 아름답고 부유한 포샤라는 여성에게 수많은 남성의 구혼이 몰리고 있는데, 만약 바사니오 자신이 포샤의 사랑을 얻을 수 있다면 그녀와 재산을 둘 다 손에 넣어 모든 문제가 해결되리라는 것이었다. 다만 그러기 위해 바사니오는 여비와 기타 비용에 쓸 3천 두카트가 필요했다. 안토니오는 대답한다.

내 재산은 모두 바다에 있고,
가진 돈도 없고 현금으로 마련할 물품도 가지고 있지 않다네.

하지만 안토니오는 말한다. "우리 3천 두카트를 빌리러 가세. 내가 자네를 위해 보증인이 되겠네. 이것이 우정이니까." 바사니오는 베니스에서 샤일록이라 불리는 유대인을 찾아간다. 그는 다른 사람에게 돈을 빌려주고 이자를 받아 돈을 버는 사람이었다. 이 작품은 곳곳에서 유대인에 대한 멸시가 분명하게 드러난다. 오늘날 사회에서 인종 편견이나 멸시는 허용되어서도 존재해서도 안 된다. 여기에서는 희곡의 예민한 부분은 건너뛰고 샤일록의 대사 일부를 인용하고자 한다. 이는 그의 마음속을 대변한다. 바사니오는 샤일록에게 3개월 동안 3천 두카트를 빌리면서 안토니오를 보증인으로 내세운다. 샤일록은 안토니오가 줄곧 자신을 무시해 왔다고 여기지만 받아들일 수는 있을 것 같다고 말한다. 바사니오가 말한다. "그러면 우리 함께 식사라도 합시다!" 샤일록이 대답한다. "괜찮습니다!"

나는 당신들과 사고, 팔고, 이야기하고, 걸을 수는 있지만,
당신들과 먹거나 마시거나 기도하지는 않을 것이오.

이는 또한 샤일록 그리고 안토니오와 바사니오 사이의 관계를 드러낸다.

샤일록은 안토니오를 만나자, 언제나 자신을 탐욕스럽고 돈에 미쳐 있다고 욕하던 안토니오가 어째서 오늘은 자신에게 찾아와 돈을 빌리느냐고 묻는다. 이에 안토니오가 대답한다. "나는 또다시 너를 그렇게 부를 것이다. 다시 한 번 네게 침을 뱉고, 너를 발로 차겠다. 이 돈을 빌려줄 거라면 친구에게 빌려주지는 마라. 우정이 언제 친구에게 척박한 쇠를 주고

이자를 받는단 말인가. 차라리 적에게 빌려줘라. 만일 그가 거래를 어기면 너는 좀 더 나은 얼굴로 벌금을 거둘 수 있을 테니." 샤일록은 안토니오에게 조건을 건다. 이자를 받지 않는 대신 3개월 안으로 3천 두카트를 갚지 못하면 안토니오의 몸에서 1파운드의 살을 베어 내겠다고. 안토니오는 이 조건에 동의한다. 바사니오는 친구가 다칠까 걱정하고 두려워하지만, 안토니오는 이렇게 말한다.

괜찮네. 걱정할 것 없어.
내 배가 그날이 되기 한 달도 전에 돌아올 테니.

작품에서 누군가 샤일록에게 안토니오가 3천 두카트를 갚지 못한다면 그의 살 1파운드가 무슨 소용이냐고 묻는다. 샤일록은 이렇게 답한다. "물고기를 잡는 미끼로 쓰지요! 그게 무엇의 먹이가 되지 못해도 내 복수에는 먹이가 됩니다." 그러나 그는 이어서 말한다. "그는 나에게 치욕을 주고, 내가 오십만을 벌지 못하게 방해했어요. 내 손해를 비웃고, 내 이득을 조롱하고, 내 나라를 경멸하고, 내 장사를 뒤틀고, 내 친구들을 냉담하게 하고, 내 적들을 흥분하게 했어요. 이유가 뭐냐고? 내가 유대인이니까요. 유대인은 눈이 없나요? 손도, 내장도, 몸도, 감각도, 애정도, 열정도 없나요? 유대인도 기독교인처럼 같은 음식을 먹고, 같은 무기에 상처 입고, 같은 병에 걸리고, 같은 방법으로 치료되고, 같은 겨울과 여름에 같이 춥고 덥지 않나요? 당신들이 우리를 찌르면 우리는 피가 나지 않나요? 당신들이 우리를 간질이면 우리는 웃지 않나요?" 이 대사는 셰익스피어가 수백 년 전에 남긴 대단한 명구로, 오늘날까지도 사람들의 마음에 깊은 울림을 남긴다.

안토니오의 보증으로 샤일록에게 3천 두카트를 빌린 바사니오는 재력과 미모를 모두 갖춘 포샤에게 구혼하기 위해 벨몬트로 간다. 바사니오의 친구 그라시아노가 함께 가기를 청하자 바사니오는 그라시아노가 너무 거칠게 굴지 않고, 버릇없이 행동하지 않고, 말조심을 한다면 데려가겠노라고 말한다.

여기서 잠깐 딴소리를 해 보겠다. 사실 딴소리를 하는 것은 내가 아니라 셰익스피어다. 그의 희곡에는 종종 서너 쌍의 연인 이야기가 끼어든다. 샤일록에게는 제시카라는 딸이 있고, 바사니오의 친구인 로렌조와 사랑에 빠졌다. 어느 날 저녁 제시카는 아버지 몰래 수많은 금은보화를 가지고 로렌조와 함께 도망친다. 제시카가 매우 아름다운 시구로 로렌조를 위해 노래 부른다.

당신이 약속을 지켜 준다면,

나는 이 갈등을 끝내고,

기독교인과 당신의 사랑하는 아내 모두 될래요.

사랑은 장님이고 연인들은 보지 못하지,

그들이 저지르는 깜찍한 바보짓을.

　딸의 야반도주를 알아차린 샤일록은 너무도 화가 나서 펄펄 뛴다. 이때 바사니오는 안토니오에게 작별을 고하고 그라시아노와 함께 벨몬트로 떠난다. 샤일록은 베니스 공작에게 바사니오의 배가 떠나지 못하도록 해 달라고 부탁하지만 이미 늦었을 뿐 아니라, 그의 딸 제시카 또한 바사니오의 배에는 타고 있지 않았다. 샤일록은 더더욱 모든 걸 안토니오 한 사람에게 덮어씌우며 증오심에 이를 갈게 된다. 안토니오와 바사니오가 작별인사를 나눌 때, 바사니오는 최대한 빨리 돌아오겠다고 말하지만 안토니오는 그에게 이렇게 대답한다. "그러지 말게. 나 때문에 일을 대충 처리하지 말게나. …… 그 유대인이 가져간 계약서를 사랑하는 자네의 마음에 담지 말게." 여기까지 말하고 그는 두 눈에 그렁그렁 눈물이 고인다. 이야말로 참된 우정이다. 중국 송나라의 시인 유영柳永의「우림령」雨霖鈴 가운데 한 구절이 떠오른다. "잡은 손 마주하며 흐르는 눈물, 말도 없이 물끄러미 목만 메이네."

돈도 많고 아름다운 포샤에 대해 말해 보자. 그녀의 아버지는 세상을 떠나면서 세 개의 상자를 남겼다. 하나는 금, 하나는 은, 하나는 납이었다. 그 가운데 한 상자에 포샤의 초상화가 들어 있고, 포샤에게 구혼하는 사람은 반드시 이 세 개의 상자 중 하나를 골라야 했다. 포샤의 초상화가 들어 있는 상자를 선택한 사람은 포샤를 아내로 맞을 수 있었다. 첫 번째 등장하는 인물은 모로코 왕자로, 그는 각 상자에 쓰인 글자를 본다. 금 상자에는 "나를 택하는 사람은 모든 사람이 원하는 것을 얻을 것이다."라고 쓰였고, 은 상자에는 "나를 택하는 사람은 그가 마땅히 얻어야 할 것을 얻을 것이다."라고 쓰였으며, 납 상자에는 "나를 택하는 사람은 그의 모든 것을 걸고 모험해야 할 것이다."라고 쓰였다.

한참을 생각하던 모로코 왕자는 모든 사람이 포샤의 마음을 얻고 싶어 하므로 금 상자 위에 쓰인 "나를 택하는 사람은 모든 사람이 원하는 것을 얻을 것이다."라는 말에서 '모든 사람이 원하는 것'이야말로 포샤임을 확신했다. 그래서 그는 금 상자를 골랐다. 그가 상자를 열어 보니 안에는 눈 속에 두루마리가 든 해골이 있었고 그 두루마리에는 이렇게 쓰여 있었다.

빛나는 것이 모두 금은 아니다.
그런 말을 자주 들었을 것이다.
많은 사람이 나의 겉모습을 보려고
자신의 목숨을 팔았다.

물론 모로코 왕자는 선택되지 못했다. "빛나는 것이 모두 금은 아니다."라는 말은 "금옥으로 밖을 둘렀으나 그 안에는 낡은 솜뿐"이라는 옛말과 닮았지 않은가? 두 번째로 등장한 사람은 아라곤 왕자였다. 그는 그 세 개의 상자를 보면서 먼저 이렇게 말했다. "나는 세 가지 일을 지킨다고 맹세하겠소. 첫째, 누구에게도 내가 어떤 상자를 골랐는지 결코 말하지 않을 것이오. 둘째, 옳은 상자를 고르는 데 실패한다면 평생 다시는 결혼을 위해 처녀에게 구애하지 않겠소. 셋째, 불운하게도 선택에 실패하면 당장 당신을 떠나 사라지겠소." 아라곤 왕자는 한참을 생각하다가 납 상자 위에 쓰인 "나를 택하는 사람은 그의 모든 것을 걸고 모험해야 할 것이다."를 보고 생각했다. '포샤는 나의 모든 것을 걸고 모험할 만큼 아름답지 않다. 금 상자에는 '모든 사람이 원하는 것'이라고 쓰였지만, 그 '모든 사람'은 어리석은 대중에 불과하다. 그러니까 은 상자를 선택하자!' 아라곤 왕자는 은 상자를 열었다. 안에는 눈을 가느스름하게 뜨고 있는 바보의 초상화가 들어 있었고, 그 곁에는 이런 글이 쓰여 있었다.

이 상자는 불에 일곱 번 단련되었다.
판단 또한 일곱 번 단련되어야 하리.

아라곤 왕자는 이 은 상자 위에 쓰인 "나를 택하는 사람은 그가 마땅히 얻어야 할 것을 얻을 것이다."라는 말을 생각했다. 나는 바보라는 말인가? 그래서 바보의 초상화나 얻어 마땅하다는 것인가?

바보 머리 하나로 구혼하러 왔다가
바보 머리 둘을 가지고 떠나가는구나.

이때 포샤의 곁에서 시중을 들던 시녀 네리사가 말했다. "죽음과 혼인은 모두 운명이 정한 대로라더니." 바사니오가 그라시아노를 데리고 포샤와 네리사 앞에 서자 포샤가 바사니오에게 말한다. "천천히 계세요! 모험을 하시기 전에 하루나 이

틀쯤 멈추세요." 그러나 바사니오는 더 이상 기다리려 하지 않는다. 여기서 갑자기 노랫소리가 울려 퍼진다.

말해 주오, 어디에서 사랑의 환상이 자라는지.
심장인지 아니면 머리인지.

어떤 사람들은 셰익스피어가 여기서 또 한 차례 언어유희를 시도했다고 한다. 이 노래의 원문인 "Tell me where is fancy bred. Or in the heart or in the head."에서 'bred'와 'head'라는 두 단어가 납을 가리키는 'lead'와 소리가 같아, 바사니오가 납 상자를 선택할 것을 암시한다고 말이다. 바사니오는 납 상자를 선택하며 말한다.

너의 창백함은 웅변보다 나를 감동시키니
나의 이 선택이 즐거움으로 이어지기를.

그는 납 상자를 열었고 그 안에 든 포샤의 초상화를 보았다. 종이에는 이런 글이 쓰여 있었다.

이 행운이 당신에게 떨어졌으니

만족하고 새로움을 찾지 말지어다.

포샤는 바사니아에게 말한다. "이제 이 집과 시종들 그리고 저 자신까지도 모두 당신의 것, 주인님의 것입니다. 이 모든 것과 함께 저는 당신께 이 반지를 드리겠어요. 당신이 이 반지를 몸에서 떼거나 잃거나 다른 사람에게 준다면, 그것은 우리 사랑이 몰락할 조짐이 될 겁니다." 바사니아가 대답한다. "이 반지가 내 손가락에서 빠져나가면 내 목숨도 빠져나가게 될 겁니다."

이때, 바사니아를 따라 벨몬트에 온 그라시아노가 자신이 포샤의 시녀 네리사와 평생을 함께하기로 결정을 했으니, 바사니아와 포샤가 결혼할 때 그와 네리사도 결혼을 할 수 있게 해 달라고 말한다. 마찬가지로 네리사도 맹세의 반지를 주면서 영원히 그 반지를 빼지 말라고 한다.

그리고 샤일록의 딸 제시카와 그녀의 애인 로렌조, 살레리오의 등장으로 모두 즐거워하지만, 살레리오가 안토니오의 편지를 바사니오에게 전한다. 편지를 읽은 바사니오의 안색이 변하자 포샤는 그에게 무슨 일인지 묻는다. 바사니오가 대답한다. "내가 당신에게 아무것도 가진 게 없다고 말했을 때 아무것도 가진 게 없는 것보다 더 못하다는 걸 말했어야 했어요. 나는 여기 올 자금을 마련하려고 내 친구에게 약속했고, 내 친구가 그의 유일한 적에게 약속하게 했답니다. 아가씨, 이 편지의 종이는 내 친구의 몸과 같고, 이 편지 속의 말들은 생명의 피를 흘리는 벌어진 상처 같군요." 바사니오는 살레리오에게 정말 안토니오의 배가 모두 난파했는지 확인하지만 살레리오는 그것이 사실이라며 샤일록이 잔혹하게 계약을 이행하려 한다고 말한다. 그런데 안토니오의 편지에는 또 이렇게 적혀 있었다. "내 재산은 줄고 유대인과 한 계약은 파기되어, 그 빚을 갚고 내가 살기란 불가능하다네. 만약 내가 죽기 전에 자네 얼굴을 한 번만 볼 수 있다면, 우리 사이에는 더 이상 어떠한 빚도 남지 않을 걸세. 하지만 자네의 사랑하는 사람이 자네가 오는 걸 이해하지 못한다면, 내 편지 때문에 오지 말고 자네의 행복을 누리게." 포샤가 말한다. "6천을 주고 계약서를 없애세요. 바사리오의 잘못으로 이 편지의 친구가 머리카락 한 올이라도 잃기 전에 6천을 두 배, 거기에 세 배로 하세요. 먼저 저와 교회에 가서 저를 당신의 아내로 만든 후에 당신의 친구가 있는 베니스로 떠나세요. 절대 당신이 포샤의 곁에 불안한 마음으로 눕게 할 수는 없어요. 그 보잘것없는 빚을 20배 이상으로 갚을 금을 드리겠어요."

바사니오가 그라시아노와 함께 벨몬트를 떠나고, 포샤와

네리사는 남장을 하고 남편들을 보러 간다.

베니스의 법정은 베니스의 공작이 열고, 안토니오가 법정에 나타난 다음 이어서 샤일록이 등장한다. 공작은 좋은 말로 샤일록에게 안토니오의 살점을 베지 말라고 권유하지만 샤일록은 거절한다. "제가 왜 3천 두카트를 받는 대신 살점을 받겠다고 하는지 물으셨지요. 저는 대답하지 않겠습니다. 제 마음이라고 하죠. 대답이 되었습니까? 만약 우리 집에 쥐가 있어서 골치라면 저는 기꺼이 1만 두카트를 써서 독약으로 쥐를 없애겠습니다. 아직도 대답이 되지 않나요?" 바사니오가 묻는다. "모든 사람이 좋아하지 않는다고 죽이나?" 샤일록이 반문한다. "누구나 좋아하지 않는 걸 죽이지 않나요?" 바사니오가 말한다. "3천 두카트에 대해 여기 6천 두카트를 주겠네." 샤일록이 말한다. "6천 두카트에서 각각의 두카트가 여섯으로 나뉘어 모두 두카트가 된다고 해도 저는 그것을 받지 않겠습니다. 저는 제 계약대로 할 겁니다." 공작이 샤일록에게 묻는다. "자비를 베풀지 않는다면 어떻게 자비를 바랄 수 있겠나?" 샤일록이 대답한다. "제가 원하는 저 살점 1파운드는 제가 비싸게 주고 산 것이니 저는 그걸 갖겠습니다."

이때, 공작이 외지에서 초청한 젊은 박사와 그의 서기가 법정으로 들어온다. 바사니오가 안토니오를 위로한다. "힘내게,

안토니오! 이 친구야, 용기를 내! 자네가 나를 위해 한 방울의 피라도 잃기 전에 저 유대인은 내 살과 피와 뼈와 모든 걸 가질 걸세." 안토니오가 말한다. "날 그냥 내버려 두게."

여기서 셰익스피어는 아주 교묘하게 두 가지 복선을 준비했다. 하나는 '자비'라는 단어이고, 다른 하나는 '한 방울의 피'라는 말이다.

젊은 박사가 먼저 샤일록에게 묻는다. "샤일록이 당신의 이름이오?" 샤일록이 대답한다. "그렇습니다." 그는 다시 안토니오에게 묻는다. "당신은 이 계약을 인정하시오?" 안토니오가 말한다. "그렇습니다." 박사가 말한다. "그러면 유대인이 자비를 베풀어야겠군." 샤일록이 그 말을 받는다. "제가 왜 그런 압박을 받아야 합니까? 설명해 주십시오." 여기에서 셰익스피어의 희곡 『베니스의 상인』 가운데 가장 유명하다고 할 수 있는 대사가 나온다. 박사가 말한다.

자비의 특징은 강요되는 것이 아니라오.
부드러운 비가 하늘에서 땅으로 떨어지는 것과 같소.
이는 이중의 축복이라오.
주는 자와 받는 자의 축복 중 축복이며,
가장 강함 중의 강함이오.

이는 왕관보다 더 왕을 왕답게 하오.

왕의 홀은 한때의 힘을 보여 주고

경외와 위엄에 귀속되어

거기에서 왕에 대한 두려움과 공포가 생겨난다오.

그러나 자비는 흔들리는 왕권의 위에 있고

왕의 마음속 왕좌이며

신에게 속하는 것이라오.

지상의 힘은 자비가 정의를 조율할 때

가장 신의 힘과 닮는다오.

그러므로 유대인이여,

당신의 탄원은 정의지만

정의를 찾는 과정에서

우리 가운데 누구도 구원을 보지 못한다는 것을 생각해 보시길.

우리는 자비를 기도하고

이 기도는 우리 모두에게

자비를 베풀라고 가르쳐 준다오.

박사는 이어서 말한다. "당신이 탄원하는 정의를 누그러뜨리고자 내가 말을 많이 했는데, 당신이 계속 고집하겠다면 이 엄격한 베니스 법정은 저 상인에게 처벌을 내릴 수밖에 없소."

바사니오는 박사에게 호소하며 "대의를 행하시어 작은 잘못을 행해 주십시오."라고 말한다. 이 말의 원문인 "Do a great right, do a little wrong"은 큰 정의를 위해 작은 잘못을 행한다는 말로도 해석되고, 대의를 위해 작은 일에 얽매이지 말라는 뜻으로도 해석된다. 이 또한 셰익스피어의 언어유희 가운데 하나로, 'right'는 영어로 '옳다'라는 뜻도 있고 '정의'라는 뜻도 있다.

박사가 말한다. "안 되오. 베니스의 어떤 힘도 제정된 법을 바꿀 수는 없소." 샤일록이 큰 소리로 외친다. "오, 젊고 현명한 법관이시여! 얼마나 존경스러운지." 박사가 말한다. "부탁하건대 그 계약서를 보여 주겠소?" 샤일록이 말한다. "여기 있습니다." 박사가 말한다. "당신 돈의 3배를 내놓았소." 샤일록이 말한다. "오, 맹세! 맹세! 저는 하늘에 맹세했습니다." 박사가 말한다. "벤 살을 잴 저울은 있소?" 샤일록이 말한다. "제가 진작 준비했습니다." 안토니오가 바사니오에게 말한다. "자네의 손을 잡게 해 주게. 잘 있게! …… 내 대신 자네의 고결한 아내에게도 안부를 전해 주고." 바사니오가 말한다. "나는 내 목숨만큼 소중한 아내를 맞았다네. 그러나 내 생명과 내 아내 그리고 이 모든 세상조차 자네의 생명만큼 중요하지는 않네. 나는 자네를 구하기 위해 이 악마에게 이 모든 것을 주겠네. 이 모든 것을 희생하겠네." 곁에서 박사가 말한다. "당신의 아내가 곁에서 그 말을 듣는다면, 조금도 고마워하지 않을 거요." 그라시아노도 말했다. "나도 사랑하는 아내가 있지만, 그녀가 천당에 있으면 좋겠소. 그러면 이 망할 유대인을 바꿀 수 있는 힘을 애원할 텐데." 박사의 서기가 말한다. "아내가 없는 자리에서 말해서 다행이군요. 안 그러면 그 바람 탓에 집안이 불안해질걸요." 총명한 독자라면 이 박사와 그의 서기가 누구인지 눈치챘을 것이다.

법정에서 젊은 박사는 샤일록에게 안토니오의 살을 도려내라고 말한다. 샤일록이 말한다. "최고로 정의로운 법관이시다!" 이때 박사가 다시 말한다. "잠깐만. 다른 게 있소. 이 계약서에서는 당신에게 피 한 방울 준다고 되어 있지 않소. 쓰여 있는 내용은 살 1파운드요. 당신의 계약서대로 살 1파운드를 자르시오. 하지만 살을 자르면서 기독교인의 피를 한 방울이라도 흘리면 당신의 땅과 재산은 베니스의 법에 따라 베니스 정부로 몰수될 것이오."

그러자 그라시아노가 말한다. "오, 공정한 법관이시여! 봐라, 유대인아! 오, 박식한 법관이시여!" 샤일록이 말한다. "그렇다면 나는 제안에 따르겠습니다. 계약금의 3배를 받겠으니 기독교인을 보내 주십시오." 바사니오가 말한다. "돈은 여기

있네!" 박사가 만류한다. "기다리시오. 유대인은 모든 정의를 얻을 것이오. 기다리시오. 서두르지 마시오. 그는 아무것도 갖지 못한 채 오직 벌금만을 받게 될 것이오. …… 베니스 법률에 따르면, 외국인이 직접적으로 혹은 간접적으로 베니스 시민의 생명을 노린 것이 증명되면 그 계획의 대상자가 계획한 사람의 재산 절반을 소유하고, 재산의 나머지 절반은 정부의 비밀 금고로 들어가며, 그 자신의 목숨은 오로지 공작의 자비로 결정되오."

베니스의 공작은 샤일록을 사면한다. 안토니오는 샤일록의 재산 절반을 보관했다가 그가 세상을 떠난 뒤에 그의 딸 제시카와 사위에게 이를 넘겨주기로 한다. 또한 샤일록 자신에게 남은 나머지 재산 또한 세상을 떠나면 딸과 사위에게 물려주라고 요구한다. 공작의 승인하에 샤일록은 모두 받아들인다.

공작이 법정을 떠난 뒤에 바사니오는 젊은 박사에게 말한다. "더없이 훌륭한 신사님, 저와 제 친구는 당신의 지혜로 오늘 통탄할 형벌에서 풀려날 수 있었습니다. 우리가 유대인에게 주기로 했던 3천 두카트를 당신의 친절한 노고의 보답으로 기꺼이 드리고 싶습니다." 안토니오가 말했다. "큰 은혜를 입었습니다. 평생 은혜를 갚고자 합니다." 박사가 대답한다. "만족이 가장 좋은 보수죠. 나는 당신을 구했으니 만족하고, 거기에서 최고의 보수를 받았다고 생각합니다. …… 우리가 다시 만날 때, 여러분이 저를 알아보기 바랍니다." '알아본다'는 말 또한 암시다.

바사니오가 말한다. "그러면 사례가 아닌 감사의 표시로 저희에게서 두 가지 물건을 가져가 주시기 바랍니다." 박사가 말한다. "강하게 요청하시니 제가 져 드리겠습니다." 박사는 안토니오에게는 장갑을 달라고 하고 바사니오에게는 반지를 달라고 한다. 바사니오는 반지가 하찮은 것이라며 주기가 부끄럽다고 하지만 박사는 반지가 아니면 안 된다고 고집한다. 바사니오가 말한다. "선생님, 이 반지는 제 아내가 제게 준 것입니다. 그리고 아내가 제게 이 반지를 끼워 줬을 때 저는 이 반지를 팔지도 주지도 잃지도 않겠다고 맹세했지요." 박사는 그 말이 핑계라며 자리를 뜬다.

법학 박사가 가 버린 뒤 안토니오가 바사니오에게 말한다. "이 친구야, 반지를 주도록 해! 그의 공로와 나의 우정이 자네 아내의 명령보다 훨씬 더 중요하지 않은가!" 바사니오는 그라시니오에게 박사를 쫓아가 반지를 주라고 한다. 그라시니오가 그들을 따라잡았을 때 박사의 젊은 서기도 그라시니오에게 아내가 준 반지를 요구한다. 물론 지금 여러분은 이 박사가 바사니오의 아내 포샤이고, 그의 서기가 그라시니오의 아내 네리사임을 알 것이다.

포샤와 네리사는 서둘러 말을 타고 자기 남편들보다 먼저 벨몬트의 집으로 돌아간다. 머지않아 바사니오와 안토니오, 그라시니오도 돌아온다. 포샤는 안토니오를 환영한다. 그러나 곧 네리사는 그라시니오와 싸우기 시작한다. 그라시니오가 자신이 준 반지를 다른 사람에게 준 것을 알아보았기 때문이다. 그라시니오도 그 반지를 박사의 서기에게 주었다고 인정한다. 이는 희곡에서 부각을 위해 쓰는 수법으로, 먼저 네리사와 그라시니오를 반지 때문에 싸우도록 만든 것이다.

그라시니오가 말한다. "금 고리 때문이죠. 하찮은 반지요." 네리사가 말한다. "제가 당신에게 반지를 줬을 때, 당신은 죽을 순간까지 반지를 끼고 있을 것이고 무덤까지 가져가겠다고 제게 맹세했잖아요. 저를 위해서가 아니라도 당신의 열렬한 맹세를 위해서라도 당신은 그 반지를 끼고 있었어야 해요. 법관의 서기에게 줬다니! 말도 안 돼. 그 서기 얼굴에는 수염도 나지 않았겠죠." 그라시아노가 대꾸한다. "날 거야. 어른이 되면." 네리사가 말한다. "예. 여자가 남자로 자란다면요." 그라시아노가 말한다. "내가 맹세하건대, 나는 그 반지를 키가 당신보다 크지 않은 작은 소년에게 주었소. 사례로 그걸 달라고 조르며 재잘거리는 꼬맹이였다고. 정말이지 거절할 방법이 없었단 말이오." 그 서기가 네리사라는 사실을 이미 아는 사람이 이 대화를 듣는다면 어찌 회심의 미소를 짓지 않을 수 있겠는가!

이때, 포샤가 그라시아노를 타박한다. "솔직히 말하자면, 잘못하셨군요. 당신 아내가 준 첫 번째 선물을 그렇게 쉽게 떼어 내다니. 맹세와 함께 당신의 손가락에 끼워 준 것을, 믿음과 함께 당신의 살에 고정시킨 것을. 나도 내 남편에게 반지를 주고 그이도 영원히 그 반지를 떼어 놓지 않는다고 맹세했어요. 여기 서 계시죠. 내가 감히 장담하건대, 내 남편은 온 세상의 재물을 다 준다고 해도 절대로 반지를 떼어 놓지도 빼지도 않을 거예요." 그라시아노가 바사니오는 이미 그 반지를 박사에게 줘 버렸다고 말하자 포샤는 화를 낸다.

바사니오가 변명하며 말한다.

내가 누구에게 그 반지를 주었는지 당신이 안다면,
내가 누구를 위해 그 반지를 주었는지 당신이 안다면,
내가 그 반지를 왜 주었는지 안다면,
내가 얼마나 마지못해 그 반지를 뺐는지 이해한다면.

포샤가 대답한다.

당신이 그 반지의 미덕을 알았다면,

혹은 그 반지를 준 사람의 가치의 절반이라도 알았다면,

혹은 그 반지에 담긴 당신의 명예에 대해 알았다면,

당신은 그 반지를 몸에서 떼어 놓지 않았을 텐데.

포샤는 바사니오가 반지를 여자에게 줬다고 주장한다. 이에 바사니오는 친구의 목숨을 구해 준 박사가 원했기에 그 반지를 주었으며, 포샤가 그 자리에 있었어도 반지를 주라고 했을 거라고 변명한다.

물론 결국은 진상이 밝혀지고 모두 즐거운 웃음을 터뜨린다. 이 희곡이 담고 있는 뜻과 교훈, 우아하고 아름다운 문장은 많은 사람의 사랑을 받고 있다. 바사니오가 젊은 박사에게 고마움을 표할 때 박사는 말했다. "만족이 가장 좋은 보수죠."

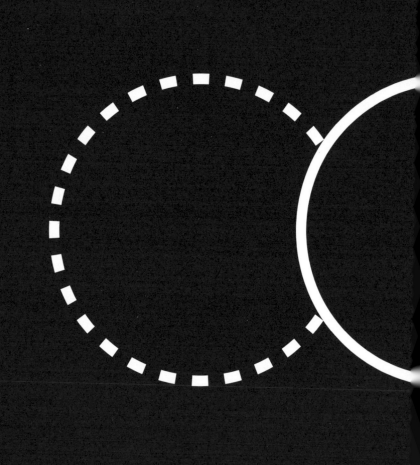

미래를 보다

당신이 바로 올해의 인물

통신과 정보 과학기술의 발전은 대뇌와 대뇌 사이의 연결을 다대다多對多의 형태로 바꾸었고, 거리는 1분, 1초로 단축되었다.

::

1927년부터 미국 잡지 『타임』에서는 해마다 연말에 한 사람을 선택해 그해의 인물로 삼았다. 선한 사람이든 악한 사람이든 좋은 일을 했든 나쁜 일을 했든, 1년 동안 전 세계에서 가장 크게 영향을 끼친 사람을 '올해의 인물'로 선정하는 것이다. 'Man of The Year'라는 제목은 나중에 성별 차이에 대한 제한을 피하기 위해 'Person of The Year'로 바뀌었고, 그 대상은 한 개인에서 몇 사람 또는 한 집단이나 민족 또는 하나의 지역으로 확대되기도 했다.

2006년의 올해의 인물이 '당신'이었음을 기억하는 사람이 많을 것이다. 이는 또한 나 자신을 제외한 모두를 가리키기도 한다. 그래서 당신은 '나의 당신'이며, 나는 또 '당신의 당신'이다. 이제 나는 '당신'이 그해 가장 영향력이 큰 올해의 인물이었던 이유를 이야기하고자 한다. 우선 그전에 과거에 어떤 사람들에 올해의 인물로 선정되었는지 알아보기로 하자.

1927년 최초로 올해의 인물에 선정된 사람은 미국 비행사찰스 린드버그였다. 그는 뉴욕에서 파리까지 쉬지 않고 날아가는 데 성공해 25,000달러의 상금을 받았다. 이로부터 린드

버그는 항공, 군사, 정치 나아가 의학 등 분야까지 적지 않은 영향을 주었다. 그가 쓴 자서전은 1954년에 퓰리처상을 수상했다.

당연하게도 올해의 인물 가운데는 정치권에 속하는 이들이 많았고, 특히 미국 대통령이 다수 포함되었다. 영국의 수상 처칠은 1949년에 반세기의 인물로 선정되었으며, 장제스와 쑹메이링은 부부로는 최초로 올해의 인물이 되었고, 덩샤오핑은 두 번이나 올해의 인물로 뽑혔다. 정치인 가운데는 논쟁의 중심에 있는 인물도 있었고, 심지어 극악무도한 죄를 저지른 사람이 당선된 적도 있다. 원칙적으로 이것은 하나의 선택이지, 상이 아니다. 그 본래 의도는 어떤 사람이 긍정적이든 부정적이든 이 세상에 큰 영향을 주고 있다는 사실을 가리키는데 있을 뿐이다. 그러나 때로는 『타임』지가 논쟁을 일으킬지도 모르는 선택을 회피한 듯 보일 때도 있다. 2001년의 올해의 인물에 당시 뉴욕 시장인 줄리아니가 선정되었는데, 일설에 따르면 빈 라덴 또한 후보에 있었다.

세계를 변화시키는 힘

1999년, 과학자 아인슈타인이 '세기의 인물'로 선정되었다. 선정 가능성이 있었던 또 다른 후보는 히틀러였다. 1968년에는 최초로 달 궤도를 비행했지만 달에 착륙하지는 못한 우주 비행사 세 사람이 선정되었다. 1996년에는 에이즈 치료법을 연구한 타이완계 미국인 의학 전문가 데이비드 호였다. 2005년의 올해의 인물은 마이크로소프트의 빌 게이츠와 그의 부인 멀린다와 아일랜드의 록 밴드 U2의 가수 보노였다. 그들의 인도주의적인 활동, 특히 아프리카의 에이즈 환자에 대한 자선 활동 공로가 인정되었다. 빌 게이츠 부부의 자선기금 총액은 300억 달러였으며, 그들의 재단 사이트에는 "우리는 모든 생명에 동등한 가치가 있다고 확신합니다. 그래서 우리는 세계의 불평등과 차별을 줄이고 삶과 생명의 질을 높이고자 합니다."라는 신조가 분명히 밝혀져 있다.

1982년에는 '컴퓨터'가 올해의 기계로 선정되었는데, 이는 처음으로 사람이 아닌 사물이 선정된 사례다. 1999년에는 온라인 서점 아마존의 창립자 제프 베조스가 선정되었으며, 2006년의 올해의 인물은 바로 '당신'이다. 이는 상이 아니라 선택일 뿐이지만, 그래도 우리 자신에게 축하한다고 말할 만한 일이다.

영국의 역사학자이자 철학자인 토머스 칼라일은 일찍이 이런 말을 했다. "세계의 역사는 위인들의 전기에 불과하다." 그 뜻은 전 세계 모든 인류의 삶과 복지, 운명은 몇몇 소수 권력자의 손에 달려 있으며 전적으로 그들의 결정에 따른다는 것이다. 사실 『타임』지에서 매년 올해의 인물을 선정하는 것도 이러한 관점을 반영한다.

2006년에 이르러서야 비로소 사람들은 이러한 관점이 반드시 옳은 것은 아님을 알게 되었다. 소수의 정치 및 종교 지도자, 과학자, 엔지니어, 의사, 자선가가 한 국가나 한 지역, 나아가 전 세계에 큰 영향을 끼친다는 사실을 부인할 수는 없다. 그러나 우리는 또한 수백만, 수천만의 이름 없는 보통 사람들이 서로 영향을 주고받으며 소통하고 협력해, 자신의 시야를 넓히고 생활 방식을 변화시키며 스스로 몰랐던 재능을 발굴하는 것을, 나아가 이런 엄청난 힘이 모여 세계를 변화시키고 이전에는 감히 상상하지 못했던 능력으로 전 인류의 미래를 개혁하고 바꾸는 것을 보고 느끼고 경험하고 참여하기도 했다.

변화의 원동력은 어디서 왔는가? 간단히 말하자면, 인터넷과 월드 와이드 웹의 발명이다. 사실 이는 표면적인 대답에 불과하다. 변화의 원동력은 컴퓨터와 컴퓨터의 연결에서만 오는 것이 아니라, 컴퓨터를 통한 인류의 대뇌와 대뇌 사이의 연결에서 온 것이다.

멀리 1965년에 이미 인터넷 하드웨어와 소프트웨어가 개발돼 컴퓨터들을 연결하기 시작했다. 첫 번째 차원은 자료의 연결이었고, 두 번째 차원은 정보의 연결이었으며, 세 번째 차원은 내용의 연결이었고, 네 번째 차원은 사상과 이념의 연결이었다. 컴퓨터와 컴퓨터를 연결하는 기술로 대뇌와 대뇌의 연결을 목표로 삼아 인류의 사상과 이념을 연결한 것이다.

일대일에서 다대다로

인류의 대뇌를 연결하는 것은 물론 15년이나 50년 전에야 비로소 시작된 것은 아니다. 이는 인류 역사의 초기부터 시작된 목표이자 사명이었다. 『세계사를 바꾼 사람들』이라는 책이 있다. 이 책에서 10위 안에 든 인물로는 예수, 무함마드, 석가모니, 공자, 사도 바울(신약 성서에서 기독교 교리를 설명하여 지대한 공헌을 한 인물), 과학자 뉴턴, 종이를 발명한 채윤(약 2천 년 전 중국 동한 시기의 인물), 1450년에 활자를 발명한 독일인 구텐베르크(이 설명에는 약간의 논쟁이 있는데, 중국 송나라의 필승이 1041년에 이미 활자판을 만들었다는 주장도 있다)가 있다. 이 명단을 보면 역사상 가장 큰 영향력을 지니는 사람들은 종교, 철학, 과학, 문학의 이념과 내용을 전 세계 모든 사람들의 대뇌 속에 심는 데 공헌했음을 알 수 있다. 그 다음으로는 그것을 전달하는 통로를 만든 사람들, 즉 종이와 인쇄술, 우편, 전화, 라디오, 텔레비전, 인터넷, 휴대전화, 월드 와이드 웹 등을 발명한 사람들이 이와 같은 맥락에서 서로 다른 과학기술로 인류의 대뇌를 연결했다.

프리드먼도 『세계는 평평하다』에서 이 세계가 작아지고 있으며 모두가 더 많은 분업과 더 공정한 경쟁의 기회를 갖게 되었다고 말한다. 나는 프리드먼이 주장한 세계를 평평하게 만드는 열 가지 동력을 좀 더 확대해 다섯 가지 동력으로 나눠 보았다. 첫째는 교육의 보급, 특히 고등 교육의 세계화다. 둘째는 하나 또는 소수의 몇 가지 공동 언어로, 현재는 영어가 가장 중요한 위치를 점하고 있지만, 언젠가는 다른 언어가 마찬가지로 중요해질지 모른다. 셋째는 육상과 해상, 항공 운송 교통수단의 발전이다. 넷째는 통신 과학기술의 발전으로, 유무선 통신 및 위성 통신 등을 포함한다. 다섯째는 정보 과학기술의 발전이다. 예컨대 집적 회로, 컴퓨터, 인터넷, 월드 와이드 웹 등이다.

교육의 보급과 발전은 사상과 이념의 발전으로 볼 수 있으며, 사상과 이념의 소통을 위한 공동 플랫폼을 만드는 일이기도 하다. 이를 제외한 나머지 네 가지 동력은 모두 운송 통로로서, 인간과 인간을 연결한다. 또한 정신적으로나 사상과 이념적으로 인간의 대뇌와 대뇌를 연결한다. 이 다섯 가지 동력은 20세기 후반에 이르러 비약적으로 성장했다. 그러나 과거를 돌아보건대, 이는 1천여 년 전의 종이, 500여 년 전의 활자 발명과 일맥상통한다.

컴퓨터는 이미 60년의 역사를, 인터넷은 40년의 역사를, 월드 와이드 웹 또한 15년의 역사를 자랑한다. 어째서 2006년에 와서야 '당신'이 전 세계에 중요한 영향을 끼치는 올해의 인물에 선정되었을까?

몇천 년 전, 인류의 대뇌와 대뇌 연결은 일대일에서 시작됐다. 이어서 일대다가 되었다. 책과 라디오, 텔레비전, 영화, 오디오, 비디오 등 매체를 통해 소수의 종교, 철학, 과학, 문학 분야의 지도적 인물들은 시간과 공간을 초월해 자신의 사상과 이념을 많은 사람에게 전달하고, 그들의 대뇌와 사람들의 대뇌를 연결할 수 있었다. 서로 다른 연결 기술은 효율과 속도가 다를 뿐이었다.

누구나 공유하고 참여하다

일대일이든 일대다든, 많은 경우 이러한 연결은 일방적이
며, 위에서 아래로 진행된다. 우리는 위대한 철학자, 문학가의
책을 읽고 정치인의 연설을 경청하며, 유명 감독의 작품과 명
배우의 영화를 보고, 가창력이 뛰어난 가수의 노래를 들으며,
이름난 평론가의 시사 비평에 귀를 기울인다. 철학자 칼라일
이 말한 것처럼 "세계의 역사는 위인들의 전기에 불과하다."
여기서 다시 그의 말을 모방해 이렇게 말할 수 있다. "세계 각
지역의 이념과 사상은 종교, 철학, 정치, 학술 분야에서 위대
한 인물의 사상과 이념에 불과하다."

21세기에 와서 우리는 통신과 정보 과학기술의 발전으로
대뇌와 대뇌 사이의 연결은 일대일, 일대다에서 다대다로, 일
방향에서 쌍방향 혹은 다방향 연결로 바뀌었다. 이로써 누구
나 자료, 정보, 내용, 사상, 이념 등을 함께 공유하고 이에 참
여하고 이바지할 수 있게 되었다. 게다가 이러한 공유와 참
여, 공헌은 대부분 비용이나 대가를 요구하지 않는다. 교통수
단의 발전은 사람과 사람 사이의 물리적 거리를 엄청나게 축
소했고, 통신과 정보 과학기술은 사람과 사람의 대뇌 거리를

1분, 1초로 단축시켰다.

　『타임』지에서 '당신'을 2006년의 올해의 인물로 선정한 것은 당연하다.

카이사르의 암호

효율을 위해, 적절한 규칙과 방법을 골라 자료를 최대한 압축해 전송한다.

::

컴퓨터 및 통신 과학기술의 발전에 따라, 자료를 전송할 때는 반드시 적절한 규칙과 규격으로 자료를 표현하고 그에 맞춰 전송해야 한다. 컴퓨터 안에서 자료들은 어느 것이나 '0'과 '1'의 조합으로 표현되지만, 서로 다른 자료를 서로 다른 '0'과 '1'로 표현하는 일은 이른바 인코딩의 문제다.

인코딩에는 세 가지 중요한 기술적 고려가 뒤따른다. 첫 번째는 효율로서, 코드를 선택할 때 짧고 간단함을 원칙으로 삼아 가장 짧은 시간에 자료를 전송할 수 있도록 하는 것이다. 두 번째는 신뢰로서, 코드를 선택할 때 전송 과정에서 오류가 발생하더라도 수신 자료의 정확성에 영향을 끼치지 않도록 하는 것이다. 세 번째는 보안으로, 코드를 선택할 때 제3자가 코드를 보더라도 그 내용이 무엇인지 알아보지 못하게 하는 것이다.

기술의 관점에서, 인코딩의 문제를 좀 더 이야기해 보자.

인코딩에서 첫 번째 고려 사항은 효율이다. 영문 알파벳 26자모의 예를 들면, 모든 영문 자모는 '0'과 '1'의 조합으로 표시될 수 있다. 만약 4개의 '0'과 '1'로는 16개의 서로 다른 배열만 가능하기 때문에 알파벳 자모를 모두 표현할 수 없다면, 그러니까 '0000'부터 시작해 '0001', '0010', '0011', ……
'1111'까지 다 합쳐도 26자모를 표현하기에는 부족하다면, 효율만 따져, 5개의 '0'과 '1' 조합으로 알파벳 자모를 표현하려고 할 것이다.

자료의 압축과 복원

좀 더 나은 방법은 없는지 묻는 사람이 있을지도 모르겠다. 내 설명을 주의 깊게 들어 주기 바란다. 5개의 '0'과 '1' 조합으로 하나의 영문 자모를 표현하고, 이로써 1천 개의 영문 자모로 쓰인 편지를 표현한다면 5천 개의 '0'과 '1'이 필요할 것이다. 통계를 보면, 영문 문서에서 출현 빈도가 가장 높은 자모는 E, T, A, O, I 등이며, 출현 빈도가 가장 낮은 자모는 J, X, Q, Z 등이다. 만약 비교적 적게 3~4개의 '0'과 '1' 조합으로 출현 빈도가 높은 자모를 표현하고, 비교적 많게 7~8개의 '0'과 '1' 조합으로 출현 빈도가 낮은 자모를 표현해서 그 평균을 내 보면 이렇게 하는 편이 유리할 수 있다. 바꿔 말해서, 1천 개의 자모로 쓰인 편지에는 E, T, A, O, I가 많고 J, X, Q, Z가 적을 것이므로, 평균을 따지면 '0'과 '1'이 5천 개까지는 필요하지 않을지도 모른다는 것이다.

사실 영문 자모의 출현 빈도에 따라 길이가 서로 다른 '0'과 '1' 조합으로 26개의 영문 자모를 표현할 수 있다는 개념은 컴퓨터의 발명 이전에 이미 있었다. 전보에서 쓰이는 모스 부호가 그것이다. 전보는 19세기에 발명되었다. 모스 부호는 점과 선을 조합해 영문 자모 26개를 표현한다. 예를 들어 영문 자모의 'E'는 점 하나(·)로, 'I'는 점 두 개(··)으로, 'A'는 점과 선을 하나씩(·-), 'Z'는 선 두 개와 점 두 개(--··)로, 'Q'는 선 두 개에 점 하나와 선 하나(---·-)이다.

앞에서 말한 기본 개념과 마찬가지로 이 개념은 데이터 과학에서 허프만 트리 기술로 정확하게 나타낼 수 있다. 대학에서 자료 구조를 배웠던 독자라면 모두 기억할 것이다. 여기까지 읽은 독자라면 전달의 효율이라는 개념을 기본적으로 이해하게 되었을 것이다. 여기서 또 이야기할 내용이 있을까? 물론 있다. 게다가 아주 많다. 거의 모든 사람들이 MP3로 음악을 듣는다. MP3란 무엇인가? 숫자와 문자 자료 외에 소리, 이미지, 동영상 등 자료는 모두 '0'과 '1'로 표현될 수 있으며, 이 '0'과 '1'의 자료들은 서로 다른 규격과 방식으로 표현되는

데, 효율을 위해 적절한 규격과 방식으로 이 자료들을 최대한 압축하고자 한다.

이 자료들이 어떻게 압축될 수 있는가? 간단한 두 가지 사례로 설명해 보자. 첫째, 우리의 귀는 소리를 들을 때 소리에서 어떤 주파수가 생략돼도 알지 못한다. 그래서 효율을 생각해, 소리를 전달하면서 이 주파수를 생략한다. 둘째, 일련의 이미지를 전송할 때, 보통은 이 이미지들을 한 장씩 전송한다. 그러나 영화에서는 두 장의 이미지에 아주 근소한 차이만 있을 수 있으므로 첫 장을 전송한 뒤 첫 장과 둘째 장 사이의 차이만 전송하면, 전달받은 사람은 첫 장과 둘째 장을 복원할 수 있다.

거의 30년 전부터 공통의 규격과 방식으로 멀티미디어 자료를 전달하기 위한 계획이 시작되었다. 그 가운데 한 가지 중요한 고려 사항은 앞선 두 가지 사례에서 말한 자료의 압축과 복원이었다. 이 같은 공통의 규격과 방식 가운데 MPEG-1, 2, 3, 4, 7, 21 등을 종종 들어 본 적이 있을 것이다. MPEG는 Moving Picture Experts Group(동화상 전문가 그룹)의 약자로 여러 전문가가 함께 공통의 방식과 규격을 정하는 국제단체다. MPEG-1은 최초의 비디오와 오디오 압축의 표준이며 그중 오디오 압축과 관련된 부분이 이 기술 표준의 세 번째이기 때문에 MP3라고 불린다. MP3는 가장 자주 사용되는 소리의 압축 표준이며, 모두가 이 표준에 따라 저장, 전송, 방송하기 때문에 서로 소통할 수 있는 것이다.

인코딩의 신뢰 문제

앞에서 말한 사례에서 두 장의 이미지 사이의 차이가 크지 않다면, 한 가지 압축 방법은 첫 번째 이미지만 전송하고 그 다음에 첫 번째와 두 번째 이미지 사이의 차이만 전송하는 것이라고 했다. 두 장의 에어컨 거래 문서가 있고, 첫 번째 문서에는 거래의 조건, 규격, 수량, 시간, 장소 등이 분명하게 적혀 있다고 하자. 그렇다면 두 번째 문서에서는 "첫 번째 문서와 마찬가지. 다만 구매 수량을 300대로, 납품 장소를 타이베이로, 납품 기일을 5월 23일로 변경"이라고만 표시해도 되는 것이다.

인코딩에서 고려해야 할 두 번째 사항은 신뢰다. '0'과 '1' 조합으로 표현된 정보가 전달 과정에서 '0'이 '1'로 변하거나 '1'이 '0'으로 바뀐다면, 그 정보를 받는 사람은 틀린 정보를 받게 되는 것이 아닌가? 특히 우주 통신은 신호가 아득한 우주에서 전송되어 오기 때문에 잡음이 무척 많고, 오류가 발생할 확률도 비교적 높다. 그래서 인코딩을 할 때는 전송 시 발생할 가능성이 있는 오류를 어떻게 다룰지 고민해야 한다. 우선은 오류의 발생을 알아야 한다. 그러면 오류를 검사할 수 있다. 다음은 요구치가 좀 더 높은데, 어디에서 오류가 났는지 알아야 한다. 그리하여 오류를 바로잡는 것이다.

사실 잘못된 코드의 오류를 검사하고 바로잡을 수 있도록 하는 프로그래밍의 기본 개념은 매우 단순하다. 어떤 정보를 보내는데 '0'은 찬성을, '1'은 반대를 나타낸다고 하자. 전송 과정에서 오류가 발생해 '0'이 '1'로 되거나 '1'이 '0'이 되면 큰일이다. 만약 '00'으로 찬성을 표시하고 '11'로 반대를 표시한다면, 전송 과정에서 오류가 발생해 '01'이나 '10'으로 바뀌었을 경우, 비록 원래 코드가 '00'이었는지 '11'이었는지는 알 수 없더라도 오류가 발생했다는 사실을 알고 재전송을 요구할 수는 있다. 물론 전송한 코드가 '00'인데 수신한 코드가 '11'이라면, 원래 전송한 것이 '00'인지 '11'인지 알 수 없을 것이다. 전송한 코드가 모두 오류로 인해 '11'로 변해 버린 것인지, 아니면 원래 전송한 코드가 '11'이어서 오류가 없는 것인지 판단이 불가능하기 때문이다. 그러나 일단 두 개의 코드가 모두 오류를 일으키는 경우는 상대적으로 적다고 가정하고, '00'을 받으면 원래 전송한 코드가 '00'이라고 믿으며, '11'을 받으면 원래 전송된 코드가 '11'이라고 믿는 것이다. 이것이 오류 검사의 기본 개념이다.

이야기를 좀 더 확장해서, 만약 '000'으로 찬성을, '111'로 반대를 표시하기로 하고 '000' 혹은 '001', '010', '100'을 수신한다면 원래 전송한 신호가 '000'이라고 추측할 수 있다. 전송한 세 개의 '0'에 단 한 글자만이 틀렸기 때문이다. 한편, '111'이나 '110', '101', '011'을 수신한다면 원래 전송한 신호가 '111'이라고 짐작할 수 있다. 이것이 오류 수정의 기본 개념이다.

신뢰를 위해 어떤 정보를 되풀이해 보낸다고 하는 단순한 개념은 매우 흥미롭고 중요한 수학 연구로 확장되었다. '대수적代數的 코딩 이론'이다. 흥미가 있는 독자라면 한번 찾아서 읽어 보는 것도 좋겠다.

인코딩과 디코딩의 광대한 학문

인코딩의 세 번째 고려 사항은 보안과 안전이며 이른바 암호다. 정보의 발신인이 전송하려는 정보를 감추는 것이 인코딩이다. 정보의 수신인이 숨겨진 정보를 복원하는 것이 디코딩이다. 그러나 제3자는 복원의 방법을 몰라야 한다. 누군가 복원할 방법을 알아맞힌다면 암호 깨기라고 부를 수 있겠다. 역사 기록에 따르면, 로마 시대의 카이사르가 이미 암호를 만들어 썼다. 암호는 과거에 대부분 군사 분야로 한정되어 사용되었으나, 최근 50년 동안 통신 기술이 빠르게 발전하면서 군사 분야 외에도 상업적으로도 응용되었으며, 공적이거나 사적인 자료의 저장에서도 매우 중요한 문제가 되었다.

암호의 간단한 예를 몇 가지 들어보자. 암호를 만드는 방법 중 하나는 '치환'이다. 예를 들어 영어의 26개 자모에서 A를 D로, B를 E로, E를 F로, X를 A로, Y를 B로 치환하는 것이다. 그러면 정보를 수신하는 사람은 치환된 자모를 뒤집어 정보를 복원할 수 있다. 이것이 카이사르가 당시 사용했던 암호다. 암호를 만드는 또 다른 방법은 '위치 바꾸기'이다. 예를 들어 일련의 영문 자모를 전송할 때, 첫 번째와 두 번째, 세 번째와 네 번째 철자의 위치를 바꾸는 것이다. 많은 사람이 『다빈 치 코드』를 소설로 읽거나 영화로 보았을 텐데, 여기에 원래 의 문자열을 뒤섞어 암호를 만드는 이런 사례가 많이 등장한 다. 암호를 만드는 또 하나의 방법은 노이즈를 입히는 것이다. 예를 들어, 전송하는 일련의 영문 자모 사이에 전혀 상관도 없 는 자모를 끼워 넣는 것이다. 이것들이 암호의 가장 단순하고 원시적인 개념이다.

더 나아가, 어떻게 하면 암호 깨기를 막을 수 있을지, 어떻 게 하면 다른 사람의 코드를 깰 수 있을지와 같은 문제는 매우 흥미롭고 심오한 분야이기도 하다. 비록 암호에 수천 년의 역 사가 있기는 하지만, 여기서 특히 언급하고자 하는 것은 30년 전에 제안된 '공개 키 암호 방식'이다. 이 방식의 가장 기본적 인 아이디어는 다른 사람에게 어떻게 암호를 만들었는지 말 해 주더라도 상대가 암호 푸는 법을 쉽게 알지 못하는 것이다. 이것이 가능한가? 흥미가 있는 독자라면 한번 찾아서 읽어 보 는 것도 좋겠다.

이제 세계 2차 대전 당시 미군 쪽에서 사용한 비밀 통신 방 법에 대해 이야기해 보려 한다. 미군은 거의 의사소통이 불가 능한 아메리카 인디언을 동원했다. 예를 들어 군에서 영어로 어떤 정보를 전송하려고 하는데 첫 자모가 'a'라고 하자. 영어에는 머리글자가 'a'인 단어가 많다. 사과를 나타내는 'apple', 개미를 가리키는 'ant', 공기를 의미하는 'air' 등. 통신을 책임지는 인디언이 이 단어들 가운데 마음대로 하나를 골라 자신의 모어로 바꾼다. 예를 들어 'ant'를 아예 자신의 모어로 말한다면 정보를 받는 쪽에서는 또 다른 인디언이 그 단어를 듣고 영어로 'ant'를 쓰고 거기에서 'a'를 빼내는 것이다. 이런 방식을 쓰는 암호가 상당히 깨기 어려우리라는 점은 모두 상상할 수 있을 것이다.

오늘 구글 하셨나요?

이 회사를 모르는 사람은 거의 없을 것이다. 구글은 이제 일상어가 되었다.

구글이라는 이름은 모두가 다 잘 알고 있을 것이다. 거의 모든 사람이 이 회사의 소프트웨어를 이용해 온라인에서 자료를 검색한다. 온라인 자료 검색 소프트웨어는 검색 엔진이라 부르는데, 구글 외에도 야후, MSN, 바이두 등이 있다. 구글은 50퍼센트 이상의 시장 점유율을 자랑한다.

구글은 이제 일상어가 되었다. 만약 내일 방콕의 날씨를 알고 싶다거나 숙소를 찾아야 하거나 괜찮은 식당을 알아보고 싶다면, 바로 구글에 접속하면 된다. 사람들은 이렇게 말하기도 한다. "구글님께 물어봐." 구글을 통한다면, 사람들은 온라인에서 내 프로필과 가족 사항을 찾아볼 수도 있고, 몇십 년 전에 쓴 내 박사 논문이나 최근 내가 어디서 어떤 세미나에 참석해 무슨 강연을 했는지도 알 수 있다.

이 회사의 창업자 세르게이 브린과 래리 페이지는 대학을 마친 뒤 스탠퍼드대학교에서 컴퓨터 과학을 공부했다. 1996년에 그들은 어떻게 온라인에서 효과적으로 자료를 검색할 수 있을지 연구하기 시작했고, 1998년에 정식으로 구글이라는 회사를 설립했으며, 6년 후 주식 시장에 상장했다. 2005년의 경영 수입은 60억 달러였고, 주가 총액은 거의 1,300억 달러에 이른다(야후, 맥도널드, 제너럴모터스보다 많다). 마이크로소프트는 구글의 두 배로 여전히 가장 높다.

네트워크로 어디나 서로 연결된 세계

1950년부터 컴퓨터 과학기술은 끊임없이 빠르게 발전을 거듭해 1초에 1조 번의 계산이 가능하며, 아이팟에는 10만 권 이상의 책과 1만 곡 이상의 노래를 저장할 수 있다. 이러한 숫자는 50년 전에 사람들이 상상할 수 있었던 한계를 아득히 넘어서는 것이다. 1950년대부터 컴퓨터는 독립적으로 운용되기 시작했다. 1960년대에 이르러서는 네트워크를 통해 컴퓨터가 연결되면서, 지구상의 어떤 곳에서든 이 컴퓨터에서 저 컴퓨터로 수천 쪽의 문서를 1초도 안 되는 시간에 전송할 수 있게 되었다.

컴퓨터 네트워크가 존재한 이후 지난 30년 동안 가장 중요한 킬러 애플리케이션killer application은 전자 우편이다. 전자 우편은 대량의 자료를 빠르게 어느 곳으로나 전달할 수 있으면서도, 기본 운용 방식은 전통적인 우편 시스템과 큰 차이가 없다. 자료를 상대방의 우편함으로 보내거나 기껏해야 상대 방에게 나의 자료 폴더를 열고 직접 그 자료를 가져가게 할 수 있을 뿐이다. 책을 예로 들어 말하자면, 책의 일부를 친구의 주소로 보낼 수도 있고, 친구에게 내 주소를 알려 주고 이 책의 일부를 가져가게 할 수도 있다.

1989년에 영국의 팀 버너스리가 월드 와이드 웹World Wide Web이라는 개념을 제안했다. 월드 와이드 웹의 모든 문서, 모든 페이지는 하나의 주소를 갖는다. 누구든 이 주소를 치면 이 문서를 열고 이 웹페이지의 내용을 볼 수 있다. 월드 와이드 웹의 가장 중요한 기본 개념은 웹페이지의 어느 곳이든 다른 어떤 웹페이지의 어느 곳과도 연결될 수 있다는 것이다. 책으로 비유하면, 하나의 웹페이지는 펼쳐진 책과 같아서 누구든 내용을 모두 살펴볼 수 있다. 전통적인 독서에서도 가끔씩 "이 책의 몇 쪽 몇 행을 보시오." 같은 글을 볼 때가 있다. 그러나 월드 와이드 웹에서는 웹페이지의 어느 곳에서든 같은 웹페이지 또는 다른 웹페이지의 어떤 곳으로 옮겨 갈 수 있다.

문서 사이의 상호 교차와 연결은 이미 1945년에 매사추세츠공과대학교의 교수인 부시가 제안한 개념이다. 1968년에 테드 넬슨이 하이퍼텍스트라는 어휘를 만들었고, 이 말은 문서의 상호 연결을 가리킨다. 오늘날에도 넬슨은 1968년에 자신이 발전시킨 제너두 프로젝트가 월드 와이드 웹보다 앞섰을 뿐 아니라 더 완전하다고 불평하고 있다.

종합하자면 월드 와이드 웹이라는 개념이 생기면서 누구나 자신의 페이지를 만들 수 있게 되었고 이 페이지의 주소를 서로 거미줄처럼 연결할 수 있게 된 것이다. 그리고 이것이 웹 Web이라는 말의 기원이다. 월드 와이드 웹에는 대략 몇 페이지나 되는 문서가 있을까? 아마도 현재 100억에서 150억 사이일 것이다. 정말이지 많다. 아주 많다.

여기까지 이야기했으니, 왜 검색 도구가 그토록 중요한지 알 것이다. 검색 엔진을 만드는 기본 개념은 그리 어렵지 않다. 책 뒷부분에 있는 찾아보기와 같다. 찾아보기를 만들 때 우리는 책의 처음부터 끝까지 훑어보면서 각 중요 단어가 등장하는 쪽수를 기록한다. 또한 찾아보기에서 중요 단어를 찾을 수도 있다.

당시唐詩에 대한 책에서 '이백'이라는 이름은 여러 곳에 등장할 수 있다. 우리는 찾아보기에서 이백을 찾아 원래의 쪽수를 뒤져 이백과 관련된 자료를 찾아낸다. 검색 엔진은 스파이더라 불리는 프로그램을 이용해 월드 와이드 웹에서 자료를 수집해 하나의 찾아보기를 만든 뒤 이 찾아보기에서 관련 자료를 찾는다. 전체 웹 페이지의 자료를 포함하는 이 찾아보기는 대단히 큰 자료 창고로, 어떤 사람은 구글이나 야후의 저장 자료를 모두 출력하면 약 91킬로미터 높이의 종이가 될 것이라고 말하기도 한다. 검색 엔진에는 1초 안에 관련 자료를 찾아내는 것만큼 중요한 도전이 있다. 일반적으로 검색 엔진에서 검색되는 자료는 10만에서 100만 페이지에 이른다. 검색 엔진에 걸린 100만 페이지의 자료를 영어의 알파벳 순서로 늘어놓는다고 하면, 이런 자료는 차라리 없느니만 못할 것이다. 어떻게 100만 페이지 가운데 가장 필요한 1페이지, 10페이지, 100페이지를 추린단 말인가? 여기서 래리 페이지는 매우 중대한 새로운 개념, 구글을 성공시킨 가장 중요한 기술을 떠올렸다.

광고만이 유일한 수입

래리 페이지는 이미 찾아낸 자료 가운데 상대적으로 중요한 것, 즉 내용과 사용자가 검색한 항목의 관계가 비교적 밀접한 것과 상대적으로 중요하지 않은 것을 가려내고자 했다.

그래서 각 웹페이지의 중요성을 '가중치'로 계산한 뒤 가중치의 점수에 따라 웹페이지를 배열하도록 했다. 이 가중치는 어떻게 계산하는가? 그것이 구글의 비밀이다. 그들은 몇만 개의 변수를 이용해 대단히 복잡한 방정식을 계산한다. 이 연산의 기본 아이디어는 여러 개의 웹페이지에서 하나의 웹페이지를 가리킬 때(웹 주소가 연결될 때), 그 웹페이지의 가중치는 커진다. 동시에 중요도가 큰 웹페이지가 이 웹페이지를 가리킨다면 이 웹페이지의 가중치는 더욱 커진다. 이는 래리 페이지가 발명하고 특허를 신청했기 때문에 '페이지 랭크'Page Rank라고 불린다. 사실 이는 무척 자연스러운 개념이다. 예를 들어 정계에서 어떤 사람이 늘 다른 사람에게 식사 초대를 받는다면, 또는 어떤 분야의 중요한 사람에게 식사 초대를 받는다면, 이 사람은 틀림없이 정계의 중요한 인물일 것이다. 월드 와이드 웹에는 비록 수많은 웹페이지가 있지만, 그 상호 연결의 관계는 래리 페이지가 검색 결과를 배열한 기본 개념에 따른다.

래리 페이지와 세르게이 브린이 구글을 만든 과정은 매우 험난하지만 전형적이기도 하다. 그들의 초기 연구는 스탠퍼드대학교에서 이루어졌고, 그 권리 또한 학교에 속했다가 나중에 학교에서 그들의 회사에 권리를 부여했다. 그들은 처음에 알타비스타와 야후 등 몇몇 거대 검색 엔진 회사에 기술을 이전하려고 했지만 모두 거절당했다. 야후의 창립자 가운데 한 사람인 데이비드 파일로는 비록 그들의 제안을 거절했지만 그들에게 휴학을 하고 회사 경영에 몰두하라고 적극 권유했다. 여러분도 야후를 만든 사람이 데이비드 파일로와 제리 양이라는 사실은 잘 알 것이다. 이들도 스탠퍼드를 휴학한 대학원생이었다.

1998년 가을, 페이지와 브린은 휴학을 한 뒤 곧바로 어떤 투자자로부터 10만 달러 수표를 받았다. 1년 후, 구글은 이미 상당한 성과를 거두었고 2,500만 달러의 벤처 캐피털을 얻어 재정적으로 안정 궤도에 들어섰다. 구글에는 매우 훌륭한 검색 엔진이 있었지만, 그걸 어떻게 이용해서 돈을 벌어야 하는가? 가장 분명한 방법은 검색을 위해 사용하는 사람들에게 사용 횟수나 시간에 따라 사용료를 내도록 하는 것이다. 전통적인 자본주의 경제학에서 보기에는 이것이 자연적이고 필연적인 선택이었다. 그러나 최근 20~30년간 컴퓨터 사용자들 사이에는 이미 '온라인에서는 무엇이든 공짜'라는 정서가 만연했다. 전자 우편이 가장 대표적인 사례이다. 웹사이트를 유지하는 비용은 정부나 회사, 학교에서 부담했지만, 개인이 메일을 전송할 때는 누구도 비용이라는 문제를 생각해 보지 않았다. 결국 구글은 사용자는 전적으로 무료로 사용하도록 하고 광고를 팔아 수익을 내기로 결정했다.

예를 들어 구글에서 '자동차 보험'이라는 단어를 검색하면 웹페이지의 왼쪽 3분의 2는 검색 자료이고 (파란 선을 경계로) 오른쪽의 3분의 1은 '자동차 보험' 관련 광고 웹 주소다. 만약 사용자가 이 웹 주소 가운데 하나에 관심이 있어서 그 주소를 클릭한다면 이 주소의 회사는 클릭된 횟수만큼 광고비를 지급한다. 한 번 클릭할 때의 비용은 몇 센트에서 몇십 달러까지 천차만별이다. 구글은 입찰 방식을 도입해 회사들이 참여할 수 있도록 했다. 어떤 검색어가 검색 엔진에 걸릴 때마다 일정한 비용을 지불하고 자기네 회사의 웹 주소가 검색 페이지의 높은 곳이나 낮은 곳에 뜨도록 하는 것이다. 이는 매우 합리적인 상업 모델이며 그것을 실제로 증명하기도 했다.

물론 이면에는 흥미로운 문제가 수없이 많다. 사용자가 회사의 광고 링크만 클릭하고 그 회사에 돈을 쓰지 않을 수도 있다. 혹은 사용자가 돈을 쓴다면 구글은 돈을 좀 더 받을 수 있을까? 이 생각은 불합리한 것이 아니지만, 실행하자면 무척 복잡해질 것이다. 나중에 다른 상업적인 경쟁자가 어떤 소프트웨어를 제작해 전적으로 다른 사람의 웹사이트 주소를 찾아다닐 수 있도록 한다면, 다른 사람의 돈을 쓰면서 다른 사람의 자본을 늘려 줄 수도 있다. 어떤 사용자가 회사의 명의로 관련 키워드를 검색할 때, 이 회사의 경쟁자도 돈을 내놓아서 그들의 주소 역시 그 곁에 나타난다면? 이 모든 것은 재미있고도 중요한 기술, 법률, 도덕 문제다.

사생활 보호는 여전히 논쟁의 중심

　검색 엔진과 전자 우편의 사용에는 여러 가지 사생활 문제가 등장한다. 어떤 사람이 밸런타인데이 전에 온라인에서 레스토랑과 여자 친구에게 보낼 선물 자료를 검색했는데, 도둑들이 그가 그날 저녁 외출한다는 사실을 알고 일당을 보내 레스토랑 근처에서 망을 보게 할지도 모른다. 구글과 야후가 무료 전자 우편 서비스를 제공할 때, 구글은 전자 우편의 내용에 따라 관련 광고를 첨부하는 아이디어를 냈다. 앞서 말한 것처럼 어떤 사람이 전자 우편으로 여자 친구를 저녁 식사에 초대한다면, 구글에서는 자동으로 전자 우편에 관련 레스토랑이나 선물 가게, 꽃 가게 등 관련 자료를 띄우는 것이다. 이 아이디어는 엄청난 논쟁을 불러일으켰다. 다른 사람의 전자 우편에서 사생활과 관련된 자료를 건드리는 것이기 때문이다. 그러나 구글 또한 전자 우편이 명함처럼 누구나 볼 수 있는 것이라고 말할 수 있다. 야후와 구글에 관련된 또 다른 사례로 개인의 전자 우편 자료를 정부에 제공하거나 정부의 제한에 따라 온라인의 검사 결과를 걸러 내는 문제 등이 있다. 이는 법률 및 개인의 사생활, 자유의 관점에서 진지하게 고민하지 않을 수 없다.

구글은 대량의 자료와 데이터 처리라는 분야에서 충분한 재력과 인력과 경험을 지니고 있어, 이를 출발점으로 새로운 작품과 계획을 추진하고 있다. 많은 사람이 '구글 어스'라는 소프트웨어를 사용해 봤을 텐데, 이는 지구상의 어떤 곳이든 매우 높은 해상도로 그 지점의 3D 입체 영상을 제공한다. 2004년에는 5천만 권의 책을 디지털화해서 검색 가능한 자료 창고를 만든다는 새로운 계획을 발표했다. 미국에서 가장 큰 의회도서관의 장서량도 3천만 권에 그친다. 그 밖에도 구글은 게놈 연구 분야에도 참여하고자 한다. 수많은 관련 연구에서 대량의 자료 처리를 필요로 하기 때문이다.

구글은 매우 영리한 두 젊은이가 설립한 회사다. 그래서 회사의 문화 또한 이상과 자유, 활력과 상호 신뢰, 전통에 구속받지 않는 정신을 추구한다. 구글의 모토는 "악해지지 말자."로, 이에 따라 포르노, 독주, 무기, 담배, 불법 약품(독약, 금지 약

^품), 온라인 도박 같은 광고는 취급하지 않는다. 구글에는 20퍼센트의 규칙이 있는데, 모든 엔지니어가 작업 시간의 20퍼센트를 스스로 재미를 느끼는 일이나 가치가 있다고 생각하는 일에 쓸 수 있다. 구글에 근무하면 무료로 음식이 제공되고 세탁과 마사지 서비스도 이용할 수 있으며 전문 요리사도 있다. 실리콘 밸리에서 유일하게 스톡옵션을 배당받은 요리사라고 한다.

투자의 관점에서 구글은 대단한 성공을 거두었다. 2004년 8월 상장되었을 때 85달러에 불과했던 구글 주식은 2006년 4월에 450달러까지 올랐다. 몇몇 상업적 지표로 보아 구글의 주식은 이미 야후를 넘어섰으며 마이크로소프트를 바짝 뒤쫓고 있다. 광고를 유일한 수입원으로 삼는 구글의 상업 모델이 어떻게 발전하며 변화할 것인지, 앞으로 강력한 경쟁자들의 도전에 어떻게 맞설 것인지, 이 이야기는 아직 끝나지 않았다.

마지막으로 구글이라는 이 이름의 유래를 이야기해 보자. 수학에는 구골Googol이라는 단위가 있다. 모든 사람이 다 알고 있듯이 1 뒤에 0이 3개 붙으면 1천이고 4개 붙으면 1만이며, 6개가 붙으면 1백만, 8개가 붙으면 1억이다. 12개가 붙으면 1조이고, 24개가 붙으면 1자이고, 100개가 붙으면 바로 구골이 된다. 페이지와 브린은 원래 구골이라는 이름을 사용하려고 했는데 입력할 때의 실수로 구글이 되었다고 한다.

물론 구글이라는 이름은 구골만큼 많은 자료 가운데 필요
한 자료를 찾아 줄 수 있다는 뜻을 지니고 있다. 확실히 잘 지
은 이름이라고 하겠다.

애플은 어째서 그렇게 맛있을까?

잡스의 천재성은 애플을 발명한 기술에 있는 것이 아니라 아름답고 꼭 맞는 포장에 있다.

연배가 좀 있는 사람이라면 애플 컴퓨터를 써 본 사람들이 많을 것이고, 젊은이라면 애플 제품을 하나쯤 가졌을지 모르겠다. 2006년 1월 24일, 미국의 디즈니는 74억 달러를 들여 애니메이션 제작 회사인 픽사를 샀다. 여기에서 가장 중요한 사람이 바로 스티브 잡스다.

컴퓨터는 20세기의 가장 중요한 발명품이라 할 수 있다. 모두가 알고 있듯이 컴퓨터는 하드웨어와 소프트웨어로 나뉜다. 하드웨어로 보면, 1950년대와 1960년대의 제1세대 컴퓨터는 어마어마한 크기로 방 하나를 가득 채울 정도였으며 몇백만 달러의 고가품이었다. 그때 IBM은 최대의 컴퓨터 회사였고, 설립자인 토머스 왓슨은 참으로 선견지명이 있는 기업가였다. 그는 일찍이 완전히 잘못된 예언을 한 적이 있다. "전세계 시장에 필요한 컴퓨터는 5대면 될 것이다." 오늘날에는 집에 5대 이상의 컴퓨터를 가진 사람도 적지 않을 것이다.

제2세대 컴퓨터는 거의 옷장만 한 크기였는데도 미니컴퓨터라고 불렸다. 많은 사람들이 DEC(Digital Equipment Corporation)이라는 회사를 기억할 것이다. 당시 미니컴퓨터를 제작했던 무척 성공한 회사였다. DEC의 설립자 가운데 한 사람인 켄 올슨도 다른 사람들이 그에게 미니컴퓨터를 데스크톱 컴퓨터로 바꾸자는 제안을 했을 때 이런 말을 했다. "누가 컴퓨터를 집에서 쓰겠어?"

이어서 책상 위에 놓을 수 있는 데스크톱이 제3세대 컴퓨터라 불릴 만하다. 데스크톱은 퍼스널 컴퓨터라고도 한다. 이어서 노트북 컴퓨터라고도 불리며 무릎 위에도 올려놓을 수 있는 랩톱 컴퓨터가 출현했고, 이는 제4세대 컴퓨터라고 할 수 있다. 컴퓨터 하드웨어의 변화는 기본 기술의 발전을 나타낸다. 대체로 제1세대 컴퓨터는 진공관을 이용했고, 제2세대 컴퓨터는 트랜지스터를 이용했으며, 제3세대 컴퓨터는 집적 회로를 이용했고, 제4세대 컴퓨터는 고밀도 회로를 사용해 컴퓨터의 부피는 갈수록 작아지고 무게는 가벼워졌으며 가격은 싸졌다.

컴퓨터 소프트웨어에서 가장 기본적인 것은 운영 체제로서 여러분도 윈도즈, 리눅스, 유닉스 등의 명사를 들어 본 적이 있을 것이다. 운영 체제는 컴퓨터 하드웨어를 이용하는 플랫폼이라고 할 수 있다. 이 플랫폼에서 우리는 다양하고 특수한 응용 프로그램을 쓸 수 있다. 문서를 작성하는 워드, 수식을 연산하는 엑셀, 이미지 자료를 활용하는 파워포인트 등이 모두 운영 체제에 설치하는 응용 프로그램이다.

등장하자마자 대박 난 그래픽 인터페이스

1976년, 21세의 잡스는 친구 스티브 워즈니악과 함께 애플 컴퓨터를 설립하고 애플 I이라 불리는 최초의 컴퓨터를 생산했다. 설립 초기에 회사의 주주는 세 사람이었다. 잡스와 워즈니악이 각각 45퍼센트, 또 다른 친구인 로널드 웨인이 10퍼센트를 소유했다. 처음에 회사 자금은 1천 달러에 불과했고, 두 달도 안 되었을 때 웨인이 그만두면서 자신의 지분을 800달러에 팔았다. 애플 컴퓨터의 전성기에 웨인이 가졌던 주식은 거의 60억 달러의 가치가 있었다. 많은 사람들이 웨인에게 그 결정을 후회하지 않느냐고 물었지만 그는 이렇게 말했다. "나는 후회하지 않는다. 그것은 내가 그때 파악할 수 있는 정보를 바탕으로 내린 최선의 결정이었다." 이는 무척 소소한 일화에 불과하지만, 웨인의 심리는 음미해 볼 가치가 있다고 생각한다.

애플 I은 애플 II가 되어 매우 성공했으며, 이 뒤를 이은 제품이 애플 리사와 우리도 잘 아는 매킨토시다. 애플 리사는 실패작이었지만 매킨토시는 애플의 주요 상품이 되었다. 그러나 가장 중요한 것은 이 두 제품이 기술적으로 그래픽 사용자 인터페이스Graphic User Interface, GUI라는 개념을 끌어들였다는 점이다. 예전에는 컴퓨터에 일일이 명령어를 입력해서 사용했다는 이야기를 들어 본 적이 있을 것이다. 지금은 컴퓨터 화면에서 명령을 나타내는 아이콘을 클릭하기만 하면 된다.

1970년대와 1980년대에 복사기로 유명한 제록스에서는 캘리포니아의 팰로앨토에 매우 유명하고 성공적인 연구소인 제록스 파크Xerox PARC를 두고 있었다. 그들은 통신 과학기술에서 매우 중요한 발명, 즉 퍼스널 컴퓨터의 하드웨어와 소프트웨어, 마우스, 컴퓨터 네트워크 등을 발명했다. 안타까운 점은 수많은 발명이 제품화되지 못하고 다른 회사가 엄청난 수익을 낼 수 있도록 했다는 사실이다. 이는 당시 회사의 경영자들에게 통찰력이 없었다는 비난을 안기기도 했다. 사실 1972년 제록스 연구소에서는 이미 최초의 퍼스널 컴퓨터가 발명되었고 그래픽 사용자 인터페이스 및 마우스의 사용까지 시도되었는데, 이는 물론 기밀이었기에 외부에는 알려지지 않았다. 나중에 제록스 연구소에서 애플의 주식 10만 주를 100만 달러에 매입한 까닭에, 잡스는 몇 사람과 함께 제록스 연구소의 퍼스널 컴퓨터를 견학할 수 있었다. 이들은 그래픽 사용자 인터페이스와 마우스를 보고 흥분을 감추지 못했고, 이 중요한 아이디어를 매킨토시 컴퓨터에 적용했다.

애플이 끊임없이 성장하면서 내부에서도 경영 문제가 대두되었다. 당시 잡스는 사장인 동시에 매킨토시 컴퓨터를 담당하고 있었다. 1983년에 그는 당시 마케팅 분야의 경험이 풍부한 펩시콜라의 사장 존 스컬리를 애플의 CEO로 영입했다. 권력 다툼을 거쳐 이사회에서는 스컬리를 지지했고 잡스를 권력과 책임에서 완전히 물러나게 했다. 물론 잡스도 허울만 좋은 사장직에 남아 있으려고 않았다. 머지않아 그는 깨끗하게 애플을 떠났다. 그해 그는 서른 살이었다. 놀랍게도 10년 뒤 잡스는 다시 애플로 돌아와 권력을 잡았다. 잡스의 동료였던 워즈니악은 일찍부터 조금씩 애플의 주류 업무에서 밀려나 잡스보다도 한 발 먼저 애플을 떠났다. 잡스와 워즈니악은 퍼스널 컴퓨터의 기술 발전에 지대한 공헌을 했다. 1985년에 그들은 레이건 대통령으로부터 국가 기술 훈장을 받았다. 개인 재산에 대해 잡스는 이렇게 말한 적이 있다. "나는 21세에 애플 컴퓨터를 설립해 23세에 백만장자가 되었다. 24세에는 천만장자가 되었고, 25세에는 억만장자가 되었다." 이는 전혀 헛소리가 아니다.

잡스는 애플을 떠나 새로운 컴퓨터 회사 넥스트를 차렸다. 이 회사에서 개발한 워크스테이션(비교적 큰 퍼스널 컴퓨터)은 하드웨어와 소프트웨어를 발전시켰는데, 특히 운영 체제를 발전시킨 제품이었다. 전체적으로 살펴보면 하드웨어의 개발은 큰 실패를 겪었지만, 넥스트에서의 소프트웨어 개발은 나중에 잡스가 다시 애플로 돌아가는 발판이 되었다. 물론 당시의 그는 이러한 일을 전혀 상상하지 못했다.

애플을 죽음에서 되살리다

1985년 잡스가 떠난 뒤로 애플의 매출은 급락했고 CEO도 몇 명이나 바뀌었다. 하드웨어는 IBM의 PC가, 소프트웨어는 마이크로소프트의 운영 체제 윈도즈가 시장에서 엄청난 우세를 점하고 있었다. 따라서 많은 사람들이 애플 컴퓨터가 더 이상 버티기 어려울 거라고 예상했다. 대략 1995년을 전후로 애플은, 매킨토시를 살리기 위해서는 하드웨어뿐 아니라 소프트웨어에서도 새로운 혁신이 필요하다는 사실을 깨달았다. 그러나 당시 애플에는 개발에 필요한 인력과 시간이 충분하지 않았기 때문에 외부 영입이 불가피했다. 고려할 만한 협력 대상은 마이크로소프트, 썬 마이크로시스템즈, '비'Be라고 하는 소규모 회사와 넥스트까지 넷이었다. 1997년, 애플은 4억 달러를 들여 넥스트를 매입했고 잡스는 애플로 돌아갔다. 처음에는 경영 고문이었지만, 나중에는 임시 CEO를 맡았고 결국 정식 CEO로 취임했다. 잡스는 애플로 돌아온 뒤 1년 만에 새로운 매킨토시인 아이맥을 출시했다. 이 컴퓨터의 외형이 매우 예뻐 매출이 확실히 올랐고 애플은 기사회생해 새로운 걸음을 내딛게 되었다.

2001년에 애플은 모두에게 익숙한 아이팟을 내놓았다. 아이팟의 영어 표기 'iPod'에서 'i'는 애플이 자사의 상품을 표시하기 위해 사용하는 문자로 예컨대 iMAC(아이맥), iTunes(아이튠즈) 등이 있다. 'Pod'라는 이름은 'Portable Digital Music Player'에서 세 글자를 딴 것이다. 1세대 아이팟의 하드디스크는 5GB로 대략 1천 곡을 수록할 수 있었는데, 5세대 아이팟은 60GB로 1만 곡이 넘게 저장할 수 있다. 의심할 나위 없이 아이팟은 무척 성공한 제품으로 세상에 선보인 뒤로 1억 대 이상이 팔렸다. 음악을 듣기 위해서는 하드웨어와 소프트웨어가 모두 필요하다. 여기에서는 아이팟이 하드웨어이고 이에 부합하는 소프트웨어가 아이튠즈다.

그 밖에 애플은 참신한 아이디어를 실현했는데, 아이튠즈 스토어를 통해 고객이 직접 곡당 99센트에 음악을 다운로드 할 수 있도록 한 것이다. 이는 매우 성공적인 선략이었다. 예전에는 어떤 노래를 좋아하면 10여 곡이 들어 있는 음반을 구입해야 했다. 그런데 이제는 합법적으로 자신이 좋아하는 노래를 골라 소유할 수 있게 되었다. 지금까지 아이튠즈를 통해 다운로드된 노래는 벌써 10억 곡에 이른다. 아이팟은 애플이 설립된 이후 가장 성공적인 제품이다. 잡스의 천재성은 애플을 발명한 기술에 있는 것이 아니라 아름답고 꼭 맞는 포장에 있다. 아이팟에서 사용하는 미니디스크는 일본 도시바의 기술이고, 아이튠즈는 사운드잼MP라는 소프트웨어에서 비롯되었다.

1985년, 애플에서 퇴출당한 뒤에 잡스는 픽사를 매입했다. 픽사는 컴퓨터 애니메이션을 전문으로 제작하는 회사였다. 50~60년 전에 갓 발명된 컴퓨터는 숫자를 처리하는 용도로 사용되었다. 컴퓨터는 짧은 시간에 복잡한 숫자를 계산할 수 있었다. 나중에서야 사람들은 컴퓨터로 문자, 소리, 이미지, 동영상 등을 처리하기 시작했다. 가장 기본적인 개념에서 보면, 숫자, 문자, 소리, 이미지, 동영상은 모두 '0'과 '1'로 표시되며, 이런 '0'과 '1'로 처리할 때 필요한 것은 속도가 매우 빠르고 복잡도가 높은 소프트웨어다. 20~30년 전, 이미지와 동영상을 처리하면서 사람들은 하드웨어의 실행 속도를 높이기 위해 전용 컴퓨터를 개발해야 한다는 결론에 도달했다. 픽사의 설립 초기 목표 중 하나는 이미지를 전문적으로 처리하는 컴퓨터를 설계하는 것이었다. 이 회사는 원래 『스타워즈』 시리즈로 명성을 떨친 감독 조지 루카스가 세운 것으로, 6~7년 사이에 상황이 나빠져 유지가 어려워진 참이었다. 1986년에 잡스는 1천만 달러로 이 회사를 사들였고, 그 후 하드웨어 방면에서는 큰 진전이 없었지만, 디즈니와 함께 자주 애니메이션 영화를 제작했다. 첫 번째 장편 애니메이션인 『토이 스토리』는 1995년에 개봉돼 흥행에 크게 성공했고, 이들은 이어서 연달아 흥행작을 내놓았다.

1930년대에 디즈니는 애니메이션 제작을 시작했는데, 그때는 화면을 한 장씩 손으로 그렸기 때문에 시간이 많이 소요되었다. 컴퓨터로 그리기 시작하면서 애니메이션 제작의 방법과 과정이 완전히 변모했다. 몇 년 동안의 협력과 성공의 결과로 2006년 1월 디즈니는 74억 달러를 치르고 픽사를 사들였으며, 잡스는 이로 인해 디즈니의 주식 7퍼센트를 갖게 되어 디즈니 최대 개인 주주가 되었다.

이런 이야기들을 보고 나면, 회사를 세워 경영하고 다른 회사와 경쟁하거나 협력하는 일 뒤에 숨겨진 수많은 어려움과 고통 그리고 흥미로운 에피소드를 상상할 수 있을 것이다.

언제나 배고픈 사람처럼,
언제나 바보처럼

다른 사람이 내게 원하는 삶을 위해 시간을 낭비하지 말고, 내 안에서 들리는 소리가 외부의 삿된 소리에 묻히지 않도록 하자. 직관과 용기를 따라 앞으로 나아가자!

::

2005년 6월, 미국 스탠퍼드대학교 졸업식에서 애플의 CEO 잡스는 매우 인상적인 연설을 했다. 이 연설의 주제는 연설의 마지막 말과 같다.

"언제나 배고픈 사람처럼, 언제나 바보처럼."

잡스는 전 세계에서 가장 훌륭한 대학교의 졸업식에서 연설을 할 수 있게 된 것 그리고 마침내 졸업식장에 서게 된 것 (그는 재학 1년 만에 휴학했다)이 무척이나 영광스럽다고 말했다. "오늘 저는 여러분에게 제 삶의 세 가지 이야기를 들려 드리려고 합니다. 뭐 그리 대단한 것은 아닙니다. 그저 세 가지 이야기일 뿐입니다." 잡스는 말했다.

첫 번째 이야기는 '점의 연결'이다. 잡스는 생모는 미혼모였고, 당시의 사회 환경 때문이겠지만 아이를 다른 사람 집에 입양 보내려 했다. 다만 그녀는 입양할 쪽은 반드시 대학 교육을 받은 사람이어야 한다고 고집했고, 그리하여 변호사 부부를 찾아냈다. 그러나 잡스가 태어나 변호사 가정에 보내지기 직전에 그 부부는 여자아이를 원한다고 말했다. 그때 아이를 입양하기 원했던 잡스 부부는 한밤중에 전화를 받았다. "지금 갑자기 입양을 원하는 남자아이가 생겼습니다. 원하십니까?"
그들은 대답했다. "물론이죠."

직관과 세심함에 배짱을 더하라

잡스의 생모는 양모가 대학을 다니지 않았고 양부는 고등학교조차 졸업하지 못했다는 사실을 알고 입양 동의서에 서명하지 않으려 했다. 몇 달을 미룬 끝에 그들 부부가 잡스를 반드시 대학에 보내겠다는 약속을 하고서야 마지못해 입양에 동의했다. 기계공이었던 양부 폴은 훗날 잡스가 기계와 전기 분야에 흥미를 갖게 되는 계기를 제공했다. 잡스의 생부모는 나중에 결국 결혼했고 잡스의 여동생이 되는 딸 모나를 낳았다. 모나는 이름 있는 소설가다. 잡스는 줄곧 양부모를 친부모처럼 여겨서, 누군가 앞에서 그들을 양부모라고 부르면 몹시 불쾌해했다.

17세에 잡스는 대학에 입학했다. 오리건 주의 리드대학교로, 작지만 매우 유명하고 학비가 비싼 곳이었다. 한 학기 만에 잡스는 자신의 학비로 부모님의 평생 적금이 사라졌다는 사실을 알았다. 또 자신이 무엇을 하고 싶어 하는지 모르는 데다 학교가 자신이 목표를 찾을 수 있도록 도울 수 있을 것 같지 않다고 느끼고 휴학을 결정했다. 그러나 휴학한 뒤에도 리드대학교를 떠나지 않고 거기서 2년의 시간을 보냈다. 기숙사가 아닌 친구의 방바닥에서 지내며, 여기저기서 빈 콜라병을 주워 5센트에 팔아 끼니를 때웠다. 매주 일요일에는 종교 단체에서 제공하는 무료 식사를 먹기 위해 몇 마일씩 걸어가기도 했다. 잡스는 자신이 직관과 세심함, 배짱으로 새로운 것을 찾아내는 습관이 있다고 말했다.

그는 매우 흥미로운 사례를 들었다. 리드대학교를 휴학한 뒤 필수 과목을 들어야 할 필요가 없었기 때문에, 그는 학교에서 유명한 서체학 수업을 청강했다. 이 과정에서 그는 서로 다른 서체와 자형, 자모와 자모 사이의 공간 배치 등을 배웠고 서체의 미학과 역사를 배웠다. 이런 학문은 전혀 실용성이 없을뿐더러, 특히 첨단 기술과 전혀 상관없어 보이지만, 10년 후 잡스는 매킨토시의 그래픽 사용자 인터페이스를 설계할 때 이러한 지식을 충분히 활용했다. 나중에 마이크로소프트의 윈도즈 역시 이러한 아이디어를 따라했다. 오늘날 우리가 컴퓨터에서 아름다운 서체를 사용할 수 있는 것은 잡스가 리드대학교에서 서체학 수업을 청강했던 덕분이라 할 수 있다.

이 이야기는 우리 삶에서 전혀 상관도 없어 보이는 수많은 '점'이 돌아보면 연결될 수 있다는 사실을 전해 준다. 어느 한 점에 있을 때 우리는 이 점이 어떻게 미래의 점과 연결될 수 있을지 예측할 수 없다. 그렇기는 하지만 자기 자신과 삶을 믿으며, 어느 날 뒤를 돌아봤을 때 이 점이 다른 점들과 연관되리라 믿어야 한다.

삶의 계시

두 번째 이야기는 '사랑과 상실'에 대한 것이다. 잡스는 20세 때 친구인 워즈니악과 함께 집의 차고에서 퍼스널 컴퓨터를 만들었다. 그가 30세 때 애플 컴퓨터는 시장 가치 20억 달러에 4천여 명의 직원을 거느린 회사가 되어 있었다. 그리고 놀랍게도 그는 자신의 손으로 만든 회사에서 퇴출당했다.

애플을 떠난 뒤 몇 개월 동안 그는 무엇을 해야 할지 알 수 없었다. 창업자 선배들의 얼굴을 보기도 미안할 지경이었다. 그는 휴렛팩커드의 창업자 가운데 한 사람인 데이비드 팩커드와 인텔의 로버트 노이스를 찾아가 그들에게 사과의 말을 전했다. 심지어 도피를 꿈꾸며 실리콘 밸리를 멀리 떠나려 하기도 했다. 그러나 서서히 그는 자신이 여전히 일을 사랑한다는 사실을 알게 되었고, 애플은 떠났지만 그 열정적인 사랑은 변하지 않았다는 것을 깨달았다. 그는 다시 한 번 시작하기로 결심했다. 문득 그는 '다시 시작한다'는 가벼운 마음이 성공의 중압감을 대신하고 있음을 느꼈다. 그 무엇도 확실히 자신할 수 없을 때, 그는 오히려 자유로운 마음으로 그의 사업 인생에서 가장 창조적인 시기로 들어섰던 것이다.

그 뒤로 5년 만에 그는 다시 넥스트를 설립했다. 이 컴퓨터 회사는 원래 교육에 사용되는 값싼 워크스테이션을 생산했다. 나중에 넥스트의 운영 체제 소프트웨어는 잡스가 애플로 다시 돌아가 권력을 장악하는 데 발판이 되었다. 잡스는 또 컴퓨터로 애니메이션을 제작하는 픽사를 매입했으며, 로렌을 만나 행복한 가정을 꾸렸다. 잡스가 만약 당시 애플에서 퇴출당하지 않았더라면, 이 일들은 일어나지 않았을 것이다. 애플에서 나온 일은 무척 쓰디쓴 약이었지만, 그는 좋은 약이 입에는 쓰더라도 병에는 좋다는 사실을 믿었다. 운명이 벽돌로 뒤통수를 치더라도 믿음을 잃지 말고 하고자 하는 일을 열심히 하며 사랑하는 사람을 뜨겁게 사랑해야 한다. 그것이 계속 앞으로 나갈 수 있도록 하는 힘이 된다. 일은 삶에서 커다란 부분을 차지하며, 일에서 만족을 얻는 유일한 방법은 일을 뜨겁게 사랑하는 것이다. 일에서 특별한 성과를 올리는 유일한 방법 또한 일을 뜨겁게 사랑하는 것이다. 만약 뜨겁게 사랑하는 일을 아직 찾지 못했다면 계속 찾아야 한다. 결코 타협해서는 안 된다.

잡스가 연설에서 한 세 번째 이야기는 '죽음'이다. 그는 17세 때 이런 말을 들었다. "매일이 생애 마지막 날이라고 생각하고 산다면, 언젠가 대체로 옳은 삶을 살고 있을 것이다." 그날 이래로 그는 매일 아침 거울 속의 자신을 들여다보며 물었다. "오늘이 내 생애 마지막 날이라면, 나는 오늘 하기로 정한 일을 할까?" 만약 연달아 며칠 동안 그 답이 '아니'라고 나오면, 그는 뭔가 바꿔야 한다는 것을 알았다.

자신의 시간이 유한하다는 것을 알고 머지않아 죽음이 다가오리라는 사실을 아는 것은 중대한 결정을 할 때 가장 훌륭한 무기가 된다. 그리고 그것은 실패를 두려워하는 함정에서 벗어날 때 가장 큰 도움을 준다. 설사 적나라하게 죽음과 직면하게 되더라도 내면에서 들리는 소리를 따르지 않을 이유는 없다.

잡스는 49세 때 췌장에 종양이 있다는 사실을 알았다. 의사는 췌장의 종양은 치료가 무척 어렵기 때문에 일반적으로 3개월에서 6개월 정도 살 수 있으니 빨리 집으로 돌아가 신변을 정리하는 편이 좋다고 충고했다. 그는 꼬박 하루를 힘들어하다가 그날 저녁에 부인과 함께 다시 병원으로 가서 조직 검사를 했다. 검사는 마취 상태에서 이루어졌다. 검사가 끝나고 나서 부인이 그에게 울면서 말했다. 그의 세포를 현미경으로 보던 의사들이 그의 종양이 매우 보기 드문 것으로 수술하면 치료가 되는 것이라고 말했다고. 잡스는 수술을 받았고, 그것이 그의 삶에서 가장 죽음과 가까웠던 경험이라고 말했다. 그리고 이 경험은 그에게 누구도 죽음을 받아들이고자 하지는 않지만, 죽음은 누구나 받아들여야만 하는 종점이라는 사실을 알려 주었다.

내면의 직관을 따라 앞으로 가라

죽음은 삶에서 길잡이 역할을 담당한다. 늙고 낡은 삶을 밀어 버리고 새로운 삶으로 진입하게 하는 것이다. 지금 젊은 세대는 새롭고 싱싱하지만 머지않아 그들 또한 늙고 밀려날 것이다. 잡스는 이어서 이렇게 말했다. "여러분에게 주어진 시간은 한정적이니 다른 누구의 삶을 살면서 그 시간을 낭비하지 마십시오. 도그마에 빠지지 마십시오. 그건 다른 사람이 생각한 결과대로 사는 것입니다. 다른 사람의 삿된 소리에 자기 내면의 소리가 묻히는 일이 없게 하십시오. 가장 중요한 것은 여러분이 자신의 마음과 직관을 따르는 용기를 갖는 것입니다. 여러분의 마음과 직관은 이미 당신이 진정으로 되고자 하는 것이 무엇인지 알고 있습니다."

마지막으로 잡스는 젊은 학생들에게 다음과 같은 말을 남겼다. "언제나 배고픈 사람처럼, 언제나 바보처럼." 모두가 끊임없이 앞으로 나아가며 새로운 것과 아름다움을 추구하고, 이미 가진 지식과 일, 지위와 재산에 쉽게 만족하지 않으며, 계속해서 탐구하고 앞으로 나가기를 바란 것이다. 또 그러한 충동과 있는 그대로의 순수로 내면과 직관이 말하는 소리를 듣고 가야 할 길을 가기를 바란 것이다. 지나친 총명과 지나친 근면, 지나친 이해타산 그리고 다른 사람의 의견에 대한 지나친 의존은 정말 가야 할 길을 잃게 만들 것이다.

잡스는 연설을 이렇게 마무리했다. "언제나 배고픈 사람처럼, 언제나 바보처럼. 저는 항상 제가 그렇게 할 수 있기를 바랐습니다. 그리고 이제 새로운 시작을 위해 졸업하는 여러분도 그러기를 바랍니다. 언제나 배고픈 사람처럼, 언제나 바보처럼."

여기서 잡스의 연설을 인용하는 것은 여러분이 나이가 몇이든, 지위와 성과가 얼마나 높고 대단한 것이든, 끊임없이 앞으로 나아가는 정신과 어린아이와 같이 순수한 마음을 가지고 용감하게 앞으로 나아가 가야 할 길을 가기를 바라기 때문이다.

오바마 대통령의 취임 연설

준엄한 시련을 앞에 두고 우리는 물러서거나 움츠리지 않았고 주저하지 않았으며 앞으로 나가기 위해, 미래를 바라보기 위해 노력했다.

::

2009년 1월 20일, 오바마는 미국 대통령에 취임했다. 그의 취임 연설이 무척이나 감동적이었기에, 나는 그 내용을 여기에 옮겨 여러분 모두와 함께 감상하고자 한다(이 연설을 시작하면서 오바마는 막 선서를 마친 미국의 제44대 대통령으로서 이야기한다).

저는 우리 앞에 주어진 임무 앞에 겸허한 마음으로, 여러분이 주신 신뢰에 감사하고, 우리 조상들의 희생을 마음에 새기며 오늘 이 자리에 섰습니다. ……
지금까지 44명의 미국인이 취임 선서를 했습니다. 이 선서는 일찍이 번영의 파도가 몰아치는 동안에도, 또한 물처럼 고요한 평화 속에서도 읽혔습니다. 그러나 이 선서는 자주 몰려오는 구름과 격렬한 폭풍우 속에서 읽혔습니다. 그때마다 미국은 앞으로 나아왔습니다. 지도층의 단결된 능력과 시각 때문만이 아니라 우리 모두가 선조들의 이상을 굳게 믿고 독립 선언의 정신을 받들었기 때문입니다.
그래 왔습니다. 그러니 우리 시대의 미국인 또한 그럴 것입니다.

(사실 모두 44명의 미국인이 취임 선서를 했다고 한 그의 말은 실수다. 정확한 숫자는 43명이다. 오바마가 제44대 대통령이기는 하지만, 일찍이 클리블랜드가 제22대와 제24대 대통령이 되어 취임 선서를 두 번 했다. 이어서 오바마는 먼저 미국이 맞닥뜨린 위기에 대해 말한다.)

여러분 모두가 알고 계신 것처럼 우리는 위기의 한가운데에 있습니다. 우리나라는 전 세계에 걸친 폭력과 증오의 네트워크에 대항해 전쟁을 벌이고 있습니다. 우리의 경제는 몹시 약화되었습니다. 이는 탐욕스럽고 무책임한 사람들로 인한 것이지만, 또한 우리 모두가 확실한 선택을 하는 데 실패하고 새로운 시대를 위해 이 나라를 준비시키지 못했기 때문입니다. 사람들은 집을 잃었고 일자리에서 쫓겨났으며 기업들은 문을 닫았습니다. 우리는 건강을 돌보기 위해 너무 비싼 값을 치러야 합니다. 우리의 학교 교육은 너무 많이 실패했습니다. 그리고 우리가 에너지를 사용하는 방법이 우리의 적대자들에게 힘을 더하고 우리의 행성을 위협한다는 증거가 매일 더 많이 나타나고 있습니다.

이는 각종 자료와 통계에서 드러나는 위기입니다. 양으로 추산될 수는 없지만 더더욱 심각한 것은 나라 전역에 걸친 신념의 고갈입니다. 피할 수 없는 내리막길에 대한 걱정과 다음 세대를 기운 빠지게 만드는 우울 같은 것들 말입니다.

오늘 저는 여러분에게 우리가 도전에 직면하고 있다는 사실을 말씀드립니다. 도전은 심각하고 도처에 널려 있어 짧은 시간 안에 쉽게 대처할 수 없습니다. 그러나 이것을 알아주십시오. 우리는 결국 해낼 것입니다.

(현실적인 곤란을 이야기하고 나서 날카로운 언변으로 이에 맞서는 결심으로 방향을 바꾼다.)

오늘 우리는 이 자리에 함께 모였습니다. 우리가 두려움이 아닌 희망을, 충돌과 투쟁이 아닌 단결을 선택했기 때문입니다. 오늘 우리는 오래도록 우리의 정치를 목조여 왔던 사소한 불만과 지켜지지 않은 약속과 상호 비난과 낡은 교리의 종식을 선언하고자 여기 왔습니다. 우리는 여전히 젊은 나라이지만 이제는 『성서』 말씀대로 유치함을 버릴 때가 왔습니다. 우리의 인내심을 재확인할 때가, 더 나은 역사를 선택할 때가 왔습니다. 모두가 평등하고 자유로우며 각자에게 행복을 추구할 수 있는 기회가 주어져야 한다는 신의 약속, 세대를 거치며 물려받은 소중한 선물인 고귀한 이상을 계속 이어가야 할 때가 온 것입니다.

(이어서 그는 앞으로 가야 할 길을 가리키며 되풀이해 '여정'라는 단어를 사용했다.)

우리나라의 위대함을 재확인하면서 우리는 위대함이라는 것이 결코 저절로 오지 않는다는 사실을 알게 됩니다. 우리의 여정은 지름길로 오지 않았으며 뒤로 물러나 차선을 구하지 않았습니다. 우리의 여정은 일보다 여가를 좋아하거나 부귀영화의 기쁨만을 추구하는 비겁자의 길이 아닙니다. 오히려 우리의 여정은 위험을 무릅쓴 사람, 실천하는 사람, 무언가를 만들어 내는 사람의 길이었습니다. 그들 중 몇몇은 유명해졌지만 대부분의 사람은 이름 없이 번영과 자유를 위해 길고 험난한 길을 걸어왔습니다.

우리를 위해, 그들은 얼마 되지 않는 전 재산을 꾸려 새로운 삶을 찾아 험한 바다를 가로질러 왔습니다. 우리를 위해, 그들은 열악한 환경에서 땀 흘려 일하고 서부를 개척했으며 채찍질을 감내하며 황야를 일궜습니다.

우리를 위해, 그들은 콩코드나 게티즈버그, 노르망디와 케산과 같은 곳에서 싸웠고 또 죽었습니다.

이 남성들과 여성들은 우리가 더 나은 삶을 살 수 있도록 몇 번이고 분투하고 희생하며 그들 손의 살갗이 벗겨질 때까지 일했습니다. 그들은 미국을 우리의 사사로운 야망을 모두 합친 것보다 더 중요하게 생각했으며 태생과 빈부와 당파의 차이보다 훨씬 더 크고 위대하다고 여겼습니다.

이것이 오늘날 우리가 이어가는 여정입니다. 우리는 여전히 세계에서 가장 번영하고 강성합니다. 우리 노동자들의 생산력은 이 위기 앞에서도 낮아지지 않았습니다. 지난주, 지난달, 지난해와 다름없이 우리의 정신은 창의적이고, 우리의 상품과 서비스의 수요도 높습니다. 우리의 능력은 조금도 줄어들지 않았습니다. 그러나 고집을 피우며 작은 이익을 보호하기 위해 불유쾌한 결정들을 뒤로 미루는 그런 시절은 지나갔습니다. 오늘부터 우리는 자리를 박차고 일어나 온몸의 먼지를 떨고 새로운 미국의 대업을 이룩해야 합니다.

(그는 여기서 좀 더 구체적인 건설의 방향을 지시한다.)

주위를 둘러보면 많은 일이 우리를 기다리고 있습니다. 눈앞의 경제 문제를 처리하기 위해 우리는 강력하고 신속한 조치를 취해야 합니다. 우리는 새로운 일자리를 창출할 뿐 아니라 성장을 위한 새로운 기반을 닦을 것입니다. 우리는 도로와 교량을 건설하고, 우리 상업을 먹여 살리고 우리를 가까이 묶어줄 전력과 전산망을 구축할 것입니다. 우리는 과학기술을 회복시켜 의료의 질을 높이고 그 값을 낮출 첨단 기술을 활용할 것입니다. 우리는 태양과 바람, 흙의 힘을 자동차와 공장을 움직이게 하는 동력으로 이용할 것입니다. 그리고 우리는 우리의 교육 기관들이 새로운 세대의 요구에 부응할 수 있도록 조치를 취할 것입니다.

이 모든 것을 우리는 해낼 수 있습니다. 이 모든 것을 우리는 해낼 것입니다.

(그는 이어서 국방 문제를 이야기한다. 과거와 현재를 언급하면서 특히 이라크와 아프가니스탄 문제 그리고 핵전쟁의 위협을 지적한다.)

국방 문제에서 우리는 안전과 이상 사이에서 오직 한 가지만을 선택한다는 생각을 받아들일 필요가 없습니다. 우리 조상들은 상상할 수 없는 위험 앞에서도 법률을 보호하고 인권을 보장하는 헌장을 제정했으며, 우리 후대를 위해 붉은 피로 이 헌장을 빛냈습니다. 그들의 이상은 여전히 전 세계에서 빛나고 있고 우리는 편의에 따라 그것을 쉽게 버리지 않을 것입니다. 큰 도시부터 제 아버지가 태어난 곳처럼 작은 마을에 이르기까지, 오늘 이 순간을 지켜보고 있는 모든 분들과 정부에 말합니다. 미국은 평화와 존엄을 추구하는 모든 국가와 남녀노소의 친구입니다. 그리고 다시 한 번 지도자의 책임을 다할 준비가 되어 있습니다.

(여러 가지 면에서 미국은 더 이상 세계에서 절대적인 최고 지위를 유지하고 있지 않다. 그래서 오바마는 미국이 다시 한 번 지도자의 책임을 다할 것이라고 말한다. 이어서 그는 다시금 과거를 반추한다.)

앞선 세대들이 미사일과 탱크뿐 아니라 단단한 동맹과 불후의 신념으로 파시즘과 공산주의를 제압했음을 상기하십시오. 그들은 무력에만 의지해서는 스스로를 보호할 수 없으며 그들이 바라는 것은 더더욱 얻을 수 없음을 잘 알았습니다. 그들은 자신의 힘을 삼가 사용할 줄 알아야 비로소 그 힘이 더욱 강성해진다는 것을 잘 알았으며, 우리의 안전은 대의의 정당함에서, 본보기로서의 영향력에서, 겸손과 절제의 자질에서 온다는 것을 잘 알았습니다.

(이어서 그는 이라크와 아프가니스탄에 대한 미국의 정책을 분명히 한다.)

우리는 책임 있게 이라크를 그 국민의 손에 돌려주고 어렵게 얻은 아프가니스탄의 평화를 구축할 것입니다. 우리는 핵전쟁의 위협을 줄이고 지구 온난화의 위기를 막기 위해서라면 오랜 친구들만이 아니라 과거의 적들과도 손을 잡고 노력해 나갈 것입니다. 우리는 우리의 삶의 방식을 사과하지 않을 것이며 망설이지 않고 지킬 것입니다. 테러를 저지르고 무고한 사람들을 살해함으로써 불의한 목적을 달성하려는 사람들에게 우리는 이제 이렇게 말할 겁니다. "우리의 정신은 너희보다 더 강력하고 깨어지지 않으며, 우리는 너희를 뛰어넘고 무너뜨릴 것이다."

(그는 미국의 다원적 전통에 대해 이야기한다.)

다원적인 전통은 우리의 강점이지 약점이 아닙니다. 우리는 기독교, 이슬람교, 유대교, 힌두교 및 특정한 종교에 속하지 않은 사람들이 함께 이룩한 국가입니다. 우리는 세계 모든 곳에 있는 언어와 문화의 정수로 이루어졌습니다. 일찍이 우리는 남북 전쟁과 인종 차별로 쓴맛을 보았고, 어둠의 한 페이지를 넘어 더욱 강대해지고 단결되었습니다. 그로 인해 우리는 언젠가 옛날의 원한이 과거가 되고 인종 간의 경계가 사라져 세계가 더욱 작아질 때 인간의 보편성이 눈앞에 드러날 것을 굳게 믿습니다. 그리고 미국은 반드시 전 세계를 이 새로운 평화의 시대로 이끄는 역할을 하리라 믿습니다.

(미국과 다른 국가들의 관계를 논한다. 여기서 그는 이런 말을 한다. "당신들이 꼭 쥔 주먹을 편다면, 우리는 우정의 손을 내밀 것이다." 나는 번역을 하면서 '손'이라는 글자를 반복해서 쓰는 문자 유희를 즐겼다.)

이슬람 세계에 전합니다. 우리는 상호 신뢰와 상호 이익을 바탕으로 손을 잡고 함께 앞으로 나아갈 새로운 방향을 찾을 수 있습니다.
분쟁의 씨앗을 뿌리거나 자기 사회의 문제를 서구의 탓으로 돌리고자 하는 지도자들에게 전합니다. 국민들은 당신들이 그 손으로 파괴한 것이 아니라 그 손으로 건설한 것을 평가하고 심판하리라는 사실을 기억하십시오.

부패와 기만과 반대자를 침묵하게 함으로써 정권을 장악한 사람들은 역사의 잘못된 편에 서 있다는 사실을 기억해야 합니다. 그러나 당신들이 꼭 쥔 주먹을 편다면, 우리는 우정의 손을 내밀 것입니다.

가난한 나라의 국민 여러분께 전합니다. 우리는 여러분과 함께 여러분이 풍요로운 논밭과 깨끗한 샘을 만들어 나갈 수 있도록, 굶주린 몸을 살찌우고 목마른 영혼을 채울 수 있도록 도울 것을 약속합니다.

우리와 마찬가지로 비교적 부유한 국가의 여러분께 말씀드립니다. 우리는 다른 사람의 고통을 팔짱 끼고 좌시하지는 않을 것입니다. 또한 지구상의 모두가 공유해야 하는 자원이 덧없이 소모되는 것을 보고 있지만은 않을 것입니다. 세계는 변하고 있으니 우리도 따라서 변해야 합니다.

(이어서 그는 희생과 봉사의 정신에 대해 말한다.)

우리 앞에 펼쳐진 길을 보면서 우리는 저 용감한 미국인들을 겸허히 감사하는 마음으로 기억합니다. 그들은 지금 바로 이

순간에도 멀고 먼 사막과 산을 순찰하고 있습니다. 알링턴 국립묘지에 잠든 영웅들이 시대를 가로질러 우리에게 속삭이듯, 오늘날 그들 역시 우리에게 하고 싶은 말이 있을 것입니다. 우리는 그들이 자유의 수호자이기 때문만이 아니라 자기 자신보다 위대한 무엇에서 의미를 찾으려 하는 봉사 정신을 구현한 까닭에 그들에게 경의를 표합니다. 그리고 한 세대를 정의할 만한 순간인 지금 이 순간, 이는 바로 우리 모두에게 깃들어야 할 정신입니다.

정부에서 할 수 있는 만큼, 해야 할 만큼 일을 하기 위해 국가에서 의지하는 것은 궁극적으로 온 국민의 신뢰와 결단입니다. 둑이 무너졌을 때 낯선 사람을 안으로 들이는 친절, 친구가 직장을 잃는 걸 두고 보지 않고 자신의 근무 시간을 줄이는 노동자의 이타심이 우리를 힘든 시간에서 버틸 수 있도록 합니다. 연기로 가득한 계단으로 뛰어드는 소방관의 용기나 아이를 기르는 부모의 마음 또한 우리의 운명을 결정할 것입니다.

우리가 맞닥뜨릴 도전이 새로울 것이기에 우리가 사용할 수단과 방법 또한 새로울 것입니다. 그러나 우리의 성공은 정직과 근면, 용기와 공명정대, 인내와 호기심, 충성심과 애국심처럼 오래되고 진실한 가치입니다. 이는 또한 우리의 역사 속에서 묵묵히 우리가 앞으로 나아갈 수 있도록 뒷받침해 온 힘이기도 합니다. 우리는 이런 영원한 진실들로 돌아가야만 합니다.

(그는 특히 책임과 자유의 정신을 강조한다.)

이제 우리는 책임감이 필요한 새 시대로 들어섰습니다. 그 책임감이란 모든 미국인이 자신에 대해, 국가에 대해, 전 세계에 대해 의무가 있다는 인식입니다. 이 의무는 어쩔 수 없이 받아들이는 것이 아니라 기꺼이 받아들이는 것입니다. 또한 이 의무는 우리의 모든 것을 걸고 어려운 문제에 뛰어드는 것보다 우리의 정신을 만족시키고 우리의 특징을 규정하는 것은 어디에도 없다는 점에서 확고합니다. ······

이것이 우리의 자유와 신념의 의미입니다. 그리고 이것이 인종과 신앙이 다른 남녀노소가 함께 여기 모여 이 취임식에 참석할 수 있는 이유이며, 60년도 안 되는 예전에는 동네 식당에서 식사도 할 수 없었던 아버지를 가진 남자가 여러분 앞에서 가장 신성한 선서를 할 수 있게 된 이유입니다.

우리 모두 우리가 누구인지, 우리가 얼마나 먼 길을 여행해왔는지 기억하며 오늘을 기념합시다.

(그는 자기 자신을 자유와 평등의 가장 좋은 사례로 들었다. 마지막으로 그는 미국 건국의 아버지 워싱턴의 말로 연설을 마무리한다.)

미국이 탄생한 그해의 가장 추운 시기, 얼어붙은 강가의 사그라져 가는 모닥불 곁에 소수의 애국지사가 모여 앉아 있었습니다. 수도는 이미 함락되었고 적은 가까이 다가오고 있었으며 흰 눈은 붉은 피에 물들었습니다. 혁명의 결과가 가장 의심스러워진 그 순간에 건국의 아버지 워싱턴은 사람들 앞에서 이 말을 전하라고 했습니다. "후대에 이렇게 들려줍시다. 희망과 미덕만이 살아남을 수 있는 한겨울이었지만, 온 나라가 공동의 위기 앞에 떨치고 일어나 싸웠노라고."

미국이여! 우리가 직면한 공동의 위기 앞에서, 이 고난의 겨울에, 이 영원한 글귀를 기억합시다. 희망과 미덕으로, 다시 한 번 얼어붙은 강물에 맞서도록 용기를 내고 다가올 폭풍을 견뎌 냅시다. 우리 아이들의 아이들이 이렇게 말할 수 있도록 해 줍시다. 우리는 시험에 들어서도 이 여정을 끝내고자 하지 않았고 결코 등을 돌리거나 뒷걸음치지 않았으며, 지평선에 시선을 맞추고 신의 은총과 함께 자유라는 가장 고귀한 선물을 미래의 세대들에게 안전하게 전달했노라고.

여러분께 신의 은총이 있기를, 이 나라에 신의 은총이 있기를.

역자 후기

길을 가는 법을 일러 주는 책

『단단한 사회 공부』는 공학자의 눈으로 바라본 '사회과학'을 이야기하는 책이다. '사회과학'이라고는 하지만, 전반적으로 자연과학을 제외한 나머지 학문 전반, 우리 사회에서는 보통 '인문학'이라고 불리는 내용 전반을 다루고 있다. 흥미로운 점은 저자가 이러한 '인문학'적 고민들을 '역사의 발전'이라는 형식으로 포괄하고 있다는 사실이다.

역사가 시간의 흐름에 따라 점진적으로 발전한다는 믿음은 근대를 통해 점차 강화되었다. 다시 말해, 이러한 믿음은 자연과학과 더불어 발달해 온 셈이다. 공학을 전공한 저자가 이러한 선형적 시간관을 적용해 사회과학을 바라보는 것은 자연스러운 일이라 할 수 있다. 이 책은 과거, 현재, 미래라는 시간의 연속을 통해 인간 사회의 면면을 들여다본다.

그러나 이러한 시간관에도 불구하고, 이 책의 각 장이 이야기하는 주제는 우리의 과거와 현재와 미래가 서로 다르지 않은 문제들을 끌어안고 있으며, 인간 사회는 힘써 이 문제들을 극복하지 않으면 안 된다는 사실이다. 자유를 위한 투쟁과 진리를 위한 추구, 이를 위한 저항의 용기와 의지, 소통의 노력 등과 같이 어느 시대에나 매우 '보편'적인 가치들 말이다. 저자는 서로 다른 시간의 분절 속에서도 변함없이 이어지는 '인간'의 문제를 이야기하고자 한다.

박학다식으로 정평이 난 저자는 매우 많은 정보와 지식을 우리에게 전해 준다. 정치적인 폭력과 억압, 표준화와 소통의 문제, 유럽의 근대와 시민혁명, 인종 차별에 대한 저항, 리더십, 환경오염과 보존 대책, 고령화 사회, 산업 불균형, 이기주의와 공익, 게임 이론, 월드 와이드 웹과 온라인 네트워크, 구글, 애플, 아이디어와 디자인, 셰익스피어의 작품과 오바마의 연설 등. 쉽게 버무려지지 않는 수많은 주제들이 과거, 현재, 미래라는 광대한 시간을 통해 우리 눈앞에 펼쳐진다.

그러면서도 쉽사리 정해진 하나의 해답을 던져 주지는 않는다. 참고서를 뒤져 언제나 쉽사리 '해답'을 찾아내는 데 익숙해진 독자라면, 이 글들 속에서 길을 잃을지 모른다. 그러나 저자가 우리에게 던지는 것은 사실 '해답'이 아니라 '질문'이다. 예를 들어, 표준화라는 것은 우리의 삶을 무척 편리하게 해 준다. 그래서 공학자의 입장에서 이 문제는 매우 중요할 뿐 아니라 필수불가결하다. 그러나 표준화의 이치는 단순명료해도 그 실천은 복잡다단하다. 표준화의 실천은 우리의 삶, 사회의 문제와 연관되기 때문이다. 그래서 저자는 우리에게 질문을 던진다. 표준화의 실천은 어떻게 가능한가? 이를 위해 우리는 어떻게 노력해야 하는가? 자유를 위한 투쟁과 진리를 위한 추구, 저항의 용기와 의지, 소통의 노력은 그래서 되풀이 이야기된다. 시간이 직선적으로 전진하면서 과학기술이 끊임없이 발전한다 해도 인간과 사회는 여전히 이러한 가치들 속에서만 존립할 수 있는 까닭이다.

'선생'先生이라는 말이 있다. 먼저 태어나서 먼저 배우고 익히며 먼저 이치를 깨달은 사람을 가리키는 말이다. 먼저 태어난 사람은 먼저 많은 것을 경험한다. 수천 년 동안 변함없는 일상을 영위했던 농경 사회에서는 그래서 연장자의 말이 곧 진리였다. 먼저 경험한 사람의 지혜는 나중에 경험할 사람의 믿을 만한 지침이 되었기 때문이다. 그러나 사회가 빠르게 변화하면서 연장자의 지혜는 점차 '유행이 지난 것', '쓸모없는 것'이라는 인식이 보편화되고 있다. 『단단한 사회 공부』는 이러한 우리의 판단이 섣부른 오류일 수 있다는 점을 가르쳐 준다. 선생은 자기 경험을 가르쳐 주는 사람이 아니라, 자기 경험을 통해 얻은 지혜를 가르쳐 주는 사람이다. 길을 가르쳐 주는 사람이 아니라, 길을 가는 법을 가르쳐 주는 사람이다. 해답을 가르쳐 주는 사람이 아니라, 어떻게 물어야 답을 찾을 수 있는지 가르쳐 주는 사람이다. 그런 의미에서 저자 류중랑은 우리에게 진정한 선생이라 하겠다.

옮긴이 문현선

단단한 사회 공부 :
내 삶의 기초를 다지는 사회과학 교양

2015년 4월 24일 초판 1쇄 발행

지은이
류중랑

옮긴이
문현선

펴낸이
조성웅

펴낸곳
도서출판 유유

등록
제406-2010-000032호(2010년 4월 2일)

주소
경기도 파주시 책향기로 337, 308-403 (우편번호 413-782)

전화
070-8701-4800

팩스
0303-3444-4645

홈페이지
uupress.co.kr

전자우편
uupress@gmail.com

페이스북
www.facebook.com/uupress

트위터
www.twitter.com/uu_press

편집
이경민

디자인
이기준

독자 교정
김수용, 송우일

제작
제이오

인쇄
(주)재원프린팅

제책
(주)정문바인텍

ISBN 979-11-85152-20-2 03300

이 도서의 국립중앙도서관 출판시도서목록(CIP)은 서지정보유통지원시스템
홈페이지(seoji.nl.go.kr)와 국가자료공동목록시스템(www.nl.go.kr/kolisnet)에서
이용하실 수 있습니다.(CIP제어번호: CIP2015010933)